新・映画道楽

ちょい町哀歌（エレジー）

鈴木敏夫

目次

取材・執筆／金澤 誠

はじめに

映画を作る人間も、最初は観客だった。スタジオジブリのプロデューサー・鈴木敏夫は１９４８年に愛知県名古屋市に生まれ、67年に上京するまで洋邦を問わず、日常的に映画を観て育った。これは日本映画の黄金時代とほぼ一致する。また慶應義塾大学に進学し、72年に卒業するまでの時代は70年安保闘争の最中で、彼はその騒乱の渦中にいながら映画を観続けた。時は日本映画の斜陽期。その廃れ行く映画界にあって、社会の状況に目線を送りながら、独自の表現を模索する映画群とともに、彼の青春はあったのである。この書籍では鈴木敏夫が公開当時に観た映画体験を入り口として、ある映画とそれに関わった映画人の印象、その後に時代を超えて彼の心をとらえ続けた作品と人の魅力を探ることで、〝面白い映画とは何か〟、そして、日本だけでなく世界の人々にも影響を与えてきた、ジブリ映画のプロデューサーとしての視点がどのように育まれていったのかを探っていく。そしてこれはまた、60年代後半から70年代前半の揺れ動く激動の時代を生きた、一人の青年の映画青春録でもある。

第一部　「座頭市」と勝新太郎

最初に取り上げるテーマは「座頭市」と勝新太郎。勝新太郎主演の「座頭市」シリーズは映画26本、ＴＶ１００本が作られている。映画第1作「座頭市物語」（三隅研次監督）が公開されたのは62年4月18日。当時鈴木敏夫は中学生だった。

家の前に『黒川日劇』という映画館があって、松竹や日活を始めいろんな会社の映画が2〜3日交替で上映されていました。僕は両親に連れられて小さい時から映画を観ていたんです。おふくろは洋画が専門、親父は日本映画でした。その親父が好きなスターが長谷川一夫や片岡千恵蔵。そして日活の石原裕次郎、大映の市川雷蔵と勝新太郎だったんです。親父と一緒に「座頭市物語」を観ましたが、衝撃でしたね。時代劇の主人公は、〝旗本退屈男〟や〝遠山の金さん〟といった幕府の木っ端役人が多かったんですが、それと全く違う。もちろん子どもには盲目で居合斬りの達人というのが一番衝撃でしたが、権力側から外れた人が主人公になったという印象が強くありました。

62年は1月に黒澤明監督の「椿三十郎」が公開。その後も加藤泰の「瞼の母」、大

島渚の「天草四郎時貞」、三隅研次の「斬る」、小林正樹の「切腹」などが登場し、時代劇が勧善懲悪ものから転換しようとしていた。そこに座頭市が現れたのだ。

座頭市はフラリと現れてフラリと去る。これは長谷川伸の股旅物のパターンです。長谷川伸はいろんな人に影響を与えていて、例えば「ルパン三世　カリオストロの城」（79年、宮崎駿）がそうですけれど、宮崎駿は股旅物が好きだったんですね。ルパンとクラリスも、長谷川伸が描く男女関係に近いですから。それで「座頭市物語」は長谷川伸とともに股旅小説を世に定着させた子母澤寛の聞き書きエッセイが原作。これを脚色したのが犬塚稔さんですけれど、ベースになっているのは侠客、飯岡の助五郎と笹川の繁蔵が争った『天保水滸伝』です。その物語は講談などで僕らも知っていましたが、犬塚さんはこれを座頭市と剣豪・平手造酒の友情物語を柱に描いた。よく覚えているのは市と平手の出会いです。平手が釣りをしていると市が来て隣で釣りを始める。市が「引いてますよ」と声をかけると、平手が「おぬし、目が悪いのになぜわかる」と返す。ここから二人の友情が始まるわけです。市は盲目というハンディを背負いながら、この世界で生きていこうという強い意志を持った男。片や平手は剣の腕は凄いが、労咳を患って自分を貶めていく男。その二人が一瞬すれ違ったというのが、この第1作でしょう。しかも最後は平手と市が対決して、平手が「おぬしに斬られたかった」と市の腕の中で死ぬまで、彼らは三度しか会っていない。それを観たとき男の友情ってすごいなと子供心に感じたし、不思議なものを観たと思いました。

その後も市は大事な人々と対決していく。

第2作「続・座頭市物語」（62年、森一生）では酷い男ではあるけれど実の兄を斬り、「新・座頭市物語」（63年、田中徳三）では自分に居合を教えてくれた剣の師匠を斬らなくてはいけなくなる。そして次の「座頭市兇状旅」（63年、田中徳三）には、第1作で市と相思相愛になった〝おたね〟という女性が再登場するのですが、彼女は市と敵対する浪人の情婦になっている。それで最後に浪人が死ぬとき、お前を裏切ったのはおたねだと市に告げるんです。ここで市は夢見ていた未来をかなぐり捨てて、一人で生きるしかないという境地に行くんですね。いずれも犬塚稔さんが脚本を書いた最初の4作品は、市自身の物語としてどれも印象的でした。

初期作品では出演者も印象が強かった。

おたねを演じた万里昌代さんは前に新東宝で活躍した、ちょっとエッチな女優さんで、その人が第1作では純情なヒロインを演じていたので不思議に思いました。平手役の天知茂も61年に新東宝が倒産して大映に移籍した俳優で、みんな大映の生え抜きではないんです。勝新太郎もこの頃はまだ人気がなくて、興行的に期待されていなかったと思うんです。だからシリーズは第2作までモノクロでしょう。でも第1作はモノクロだから、市と平手が生きている上で背負っている陰みたいなものが生きていると思います。

1962年、「座頭市」シリーズが始まった時、主演の勝新太郎はまだ人気スターではなかった。鈴木敏夫は、当時の勝新太郎をどのように思っていたのだろうか？

勝さんは市川雷蔵と一緒に「花の白虎隊」（54年）で映画デビューしたけれど、若い頃は人気がなかったんです。僕もよく覚えているけれど、何か鼻にかけたしゃべり方をした二枚目をやっていて、これは同じ大映の大スター・長谷川一夫の真似ですよ。そんな時代が続いて60年に「不知火検校」（森一生）をやるんですね。ここで勝さんが演じたのは盲目の極悪人。これでイメージががらりと変わって、2年後に「座頭市」の登場になるんです。思えば勝さんの当たり役になったものは「座頭市」にしろ、「兵隊やくざ」の大宮二等兵にしろ、権力に対する反発心がある。そこへたどり着くまでに時間がかかったんです。でも思い返すと高倉健さんだって56年にデビューして、「日本侠客伝」が64年、「網走番外地」が65年に始まって本当のスターになった。56年に映画初出演して、73年の「仁義なき戦い」（深作欣二）で花開いた菅原文太さんもそうですけれど、みんなそれまで何をやっても上手くいかなかった人たちなんです。

それが時を経て苦労が生きるというか、みんな権力に立ち向かう反骨のヒーロー役で人気を得たのは、偶然ではないと思いますね。またそれまでは映画会社が思い通りにスターを育てることが出来たんですけれど、勝さんや健さんは思わぬところから生まれたスター。それが60年代の特徴だと思うんです。

では60年代という時代と「座頭市」は、どうリンクして人気を得たのだろうか？

日本では江戸時代末期から１９５９年まで、ライフスタイルがほとんど変わらなかったんです。でも60年を境に生活が大きく変化していく。例えば60年に農業人口が全体に占める割合が30%だったのに、70年には１割に減るんです。第一次産業から第二次産業への転換が起きたんですよ。冷蔵庫、洗濯機、テレビの〝三種の神器〟がみんなに定着し、都会に人が集まるようになる。世はまさに高度経済成長期です。日本が先進諸国を目指して発展していくときに、日本の映画界は〝本当にそれでいいの？〟という問いかけを行った。

例えばサラリーマンはノルマが厳しくてノイローゼ寸前でしたけれど、そんな時に東宝から植木等（うえきひとし）さんの「無責任」や「日本一の〜男」シリーズ（62〜71年）が出てきて、サラリーマンは無責任でいいんだと植木さんが言ってくれたことで、みんなホッとしたんです。東映では63年の「人生劇場 飛車角」（沢島忠（さわしまただし））を皮切りに、仁侠映

鈴木敏夫 チラシコレクション

鈴木氏が通っていた映画館『黒川日劇』の上映告知チラシ（1966年）。13日公開「座頭市海を渡る」と「大魔神怒る」の2本立てで、座頭市の顔に鈴木氏による落書きの跡が

画のブームが起こる。それを観た大学生たちは、理不尽な権力の横暴に耐えて最後は殴り込みに行く主人公に、学生運動をしている自分を重ね合わせたわけですよね。誰もが日常生活はいっぱいいっぱいで、経済は成長していたけれど気持ちは苦しかった。「座頭市」の場合はね、天涯孤独で反体制のヒーローでしょう。その人物像が急激に変化していく世の流れについて行けない人たちの心情にピタッとはまったと思うんです。だから「座頭市」を支持していたのは、ブルーカラーの労働者たちですよね。その反対に時代の波に乗ろうとして、未来に夢を抱いていた僕と同世代の学生たちは、誰も「座頭市」なんて観ていなかった。彼らが観ていたのは007シリーズであり、アートシアターでかかるヨーロッパ映画であってね。僕は「座頭市」を観ているなんて、当時学校では絶対に言えなかったですから（笑）。

鈴木敏夫が「座頭市」を観ていたのは中学、高校の時。彼もまた学生の一人だったわけだが、作品のどこに惹かれたのだろうか？

それは一緒に映画を観に行っていた親父の影響が大きいです。隣で観ている親父のただならぬ熱気を感じて、その親父を理解しようとして観ていた部分もあると思うんです。それとこれは観返して分かったんですけれど、単なるプログラムピクチャーを超えた面白さがありますよ。

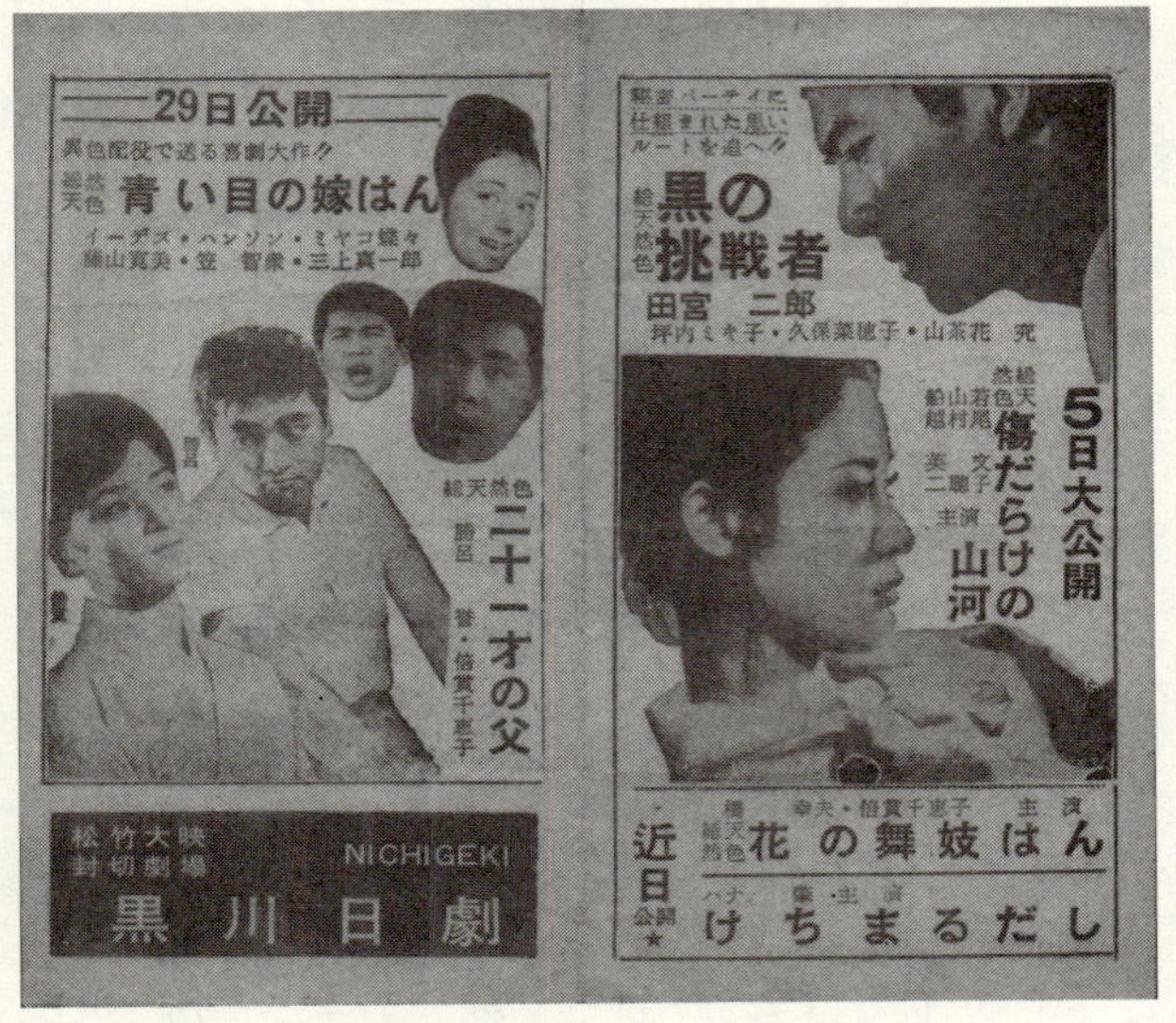

鈴木敏夫 チラシコレクション
鈴木氏が通っていた映画館『黒川日劇』の上映告知チラシ（1966年）

最近観直して感心したのが、第8作「座頭市血笑旅」（64年、三隅研次）。これは自分の身代わりになって殺された女性の赤ん坊を、座頭市が父親のところへ届けに行く話なんです。天涯孤独の市が、やはり一人でこの世に生まれた赤ん坊を背負い、その運命を委ねられる。僕はこの赤ん坊が市自身でもあると思うんです。情が移って離れたくない赤ん坊を父親に返そうと決めたとき、市が赤ん坊を抱きながら子守唄を唄うんですけれど、そこがすごくいいシーンでした。最後はお坊さんに、赤ん坊を寺に預けろと言われて市は拒むんですけれど、「この子をお前みたいな渡世人にしたいのか」と言われた時に、市が何ともいえない表情をする。そこも印象的で、何か全体的に仏教観を凄く感じたんです。監督はシリーズ第1作も手掛けた三隅研次ですけれど、これは大傑作だと思います。

「座頭市」シリーズは日本だけでなく、アジア諸国や、キューバでも人気を集めた。その海を越えた魅力はどこにあるのだろうか？

日本では江戸時代の『忠臣蔵』から始まって、繰り返しヒーローが生まれているけれど、やはり時の権力に抗うというのは世界に共通して共感を得ると思うんです。「座頭市」は60年代のキューバでも人気を集めたわけですけれど、映画というのは政治にも活用できるものですから、単に面白ければいいというものではない。一見娯楽

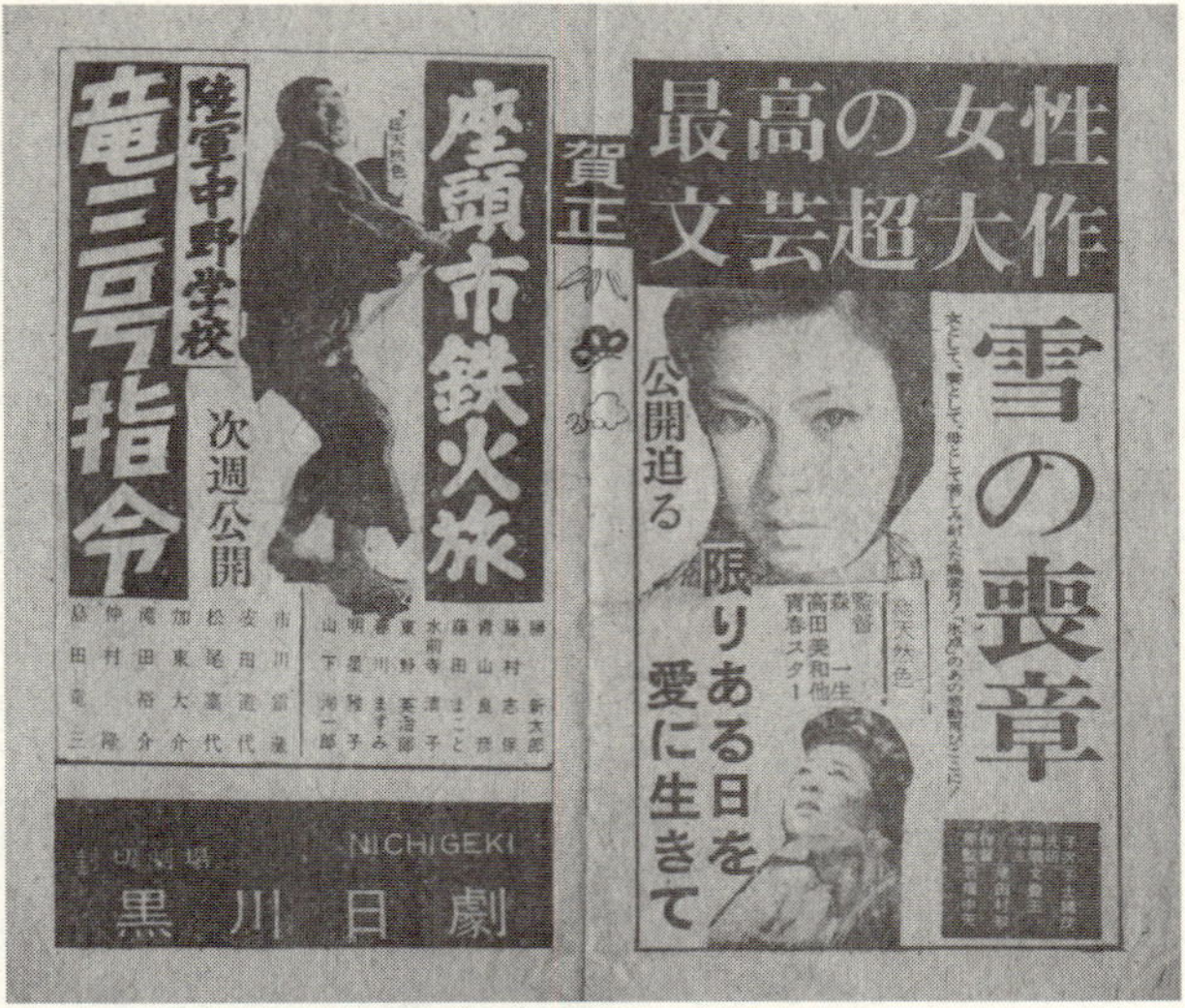

賀正

最高の女性文芸超大作

座頭市鉄火旅

陸軍中野学校
竜三号指令

次週公開

雪の喪章

公開迫る

限りある日を愛に生きて

NICHIGEKI
黒川日劇

「座頭市牢破り」
生き生き独創的な画面
意外、単調で平板な構成

鈴木敏夫 チラシコレクション
鈴木氏が通っていた映画館『黒川日劇』の上映告知チラシ。1967 年のお正月映画「座頭市鉄火旅」と「陸軍中野学校　竜三号指令」の 2 本立てと、「雪の喪章」「限りある日を愛に生きて」の 2 本立ての告知

もう一方は「座頭市牢破り」(1967 年)評の新聞の切り抜き（スクリーン拝見)。執筆者に「岡安」とあるが、詳細は不明

映画だけれど、中身に政治的なものを内包している作品がいっぱいあって、そのことを観る国の人が感じ取るから人気が出たと思うんです。

もちろん「座頭市」が魅力的なのは、勝新太郎さんが演じることで成立している部分が大きい。例えば座頭市の殺陣はカットを割らずに一ショットで見せているでしょう。だから凄いと誰が見ても分かるし、これは観る人の国を選びませんよね。そして作品の中に描かれていることは、おそらく当時の作り手が意識しないところでいろんな国の人に響いた気がするんです。一つ思うのは、座頭市は決して自分からは仕掛けていかず、受け身ですよね。僕が覚えているのは加藤周一さんが安保について「座頭市でいいんですよ、日本は」とおっしゃった。つまり自分から攻めるのではなくて、相手から来てやむを得ない場合に、その攻撃を受けて返す。そういう座頭市剣法で、日本はいいんじゃないかと。この考え方は面白いと思いました。そういうことも含めて、やはりひどい目に遭った経験を持つ国の人たちにはね。盲目のハンディを持ちながら強い「座頭市」というのは物語としてわかりやすく、心の部分で響くものがあると思うんです。

では見方を変えて時代を超えて今、「座頭市」のような作品は生まれないのだろうか？

現代にも、60年代に「座頭市」に熱狂したブルーカラーの人たちと同じように、時代の流れについていけない人たちはいると思うんです。例えば２０１６年にカンヌ国際映画祭でパルムドールを受賞したケン・ローチ監督の「わたしは、ダニエル・ブレイク」。あの作品は今やデジタル時代になって、みんながそれについていけると思っているけれども、それって本当ですかって疑問を投げかけている映画でしょう。病気の診断を下されて働けなくなった大工のダニエルが、デジタルに対応できなくていろんな社会保障が受けられなくなる話ですからね。あれなんかはちゃんと時代の変わり目を考えて作った映画で、そこがカンヌでもアピールしたと思うんです。

「座頭市」の場合は偶然に当時の時代の気分を掴んだ映画だと思うけれども、今の日本映画を観ていてつまらないと感じるのは、そういう時代の転換点をベースに作られたドラマがないということです。僕自身プロデューサーをやっていて、今企画を考えるのはとても難しい。ジブリの場合、これまではバブル崩壊以降の世の中の要望に応えていったんです。確かに作品として面白いと思ってくれた人も多いかもしれないけれど、それだけではない。作られた時代の気分と作品が合致していたから、たくさんの人が観てくれたと思うんですね。でもそこから今、時代の流れが変わってきている気がするんです。ひとつ例を挙げるとすれば、今の若い人は物を買わなくなってきている。アパートを借りても、冷蔵庫や洗濯機といった電化製品をレンタルで済ます人が増えてきているんです。車だってカーシェアリングが普通になっているし、服さえレンタルになってきた。その背景には彼らの親の世代が作ってきた、大量消費社会に対する反発があると思うんですね。そういう社会の状況をまともに描くという手もあるけれど、例えばそれをチャンバラ映画にあてはめたらどうなるかとか。その辺に作品を作るヒントがある気がしているんです。

そういう時代が変化している気分を感じつつ彼は今、宮崎駿監督の新作をプロデュースしているわけだが？

この間、宮さん（宮崎駿）とこういう話をしたんです。「今の日本は、まるごと死臭に覆われている」と。だからこそ必要なのは、それを振り払ってくれる主人公だろうとね。みんなも潜在的に、そういうものを求めていると思うんです。それで僕は宮さんに「（今作ろうとしている作品の主人公は）そうなるべき」と伝えましたけれど。60年代に座頭市は高度経済成長の裏でみんなが感じていた、鬱屈(うっくつ)した気分を逆手居合斬りで振り払ってくれた。それは高度経済成長で浮かれているあなたたちは、本当に大丈夫なんですかという問いかけだった。時代の流れに背を向けることで、市は時代を見つめ直すヒーローになりえたと思うんです。形は全然違うかもしれないけれど、今またそういうものが出てきてほしいし、それが必要な時代になっていると感じますね。

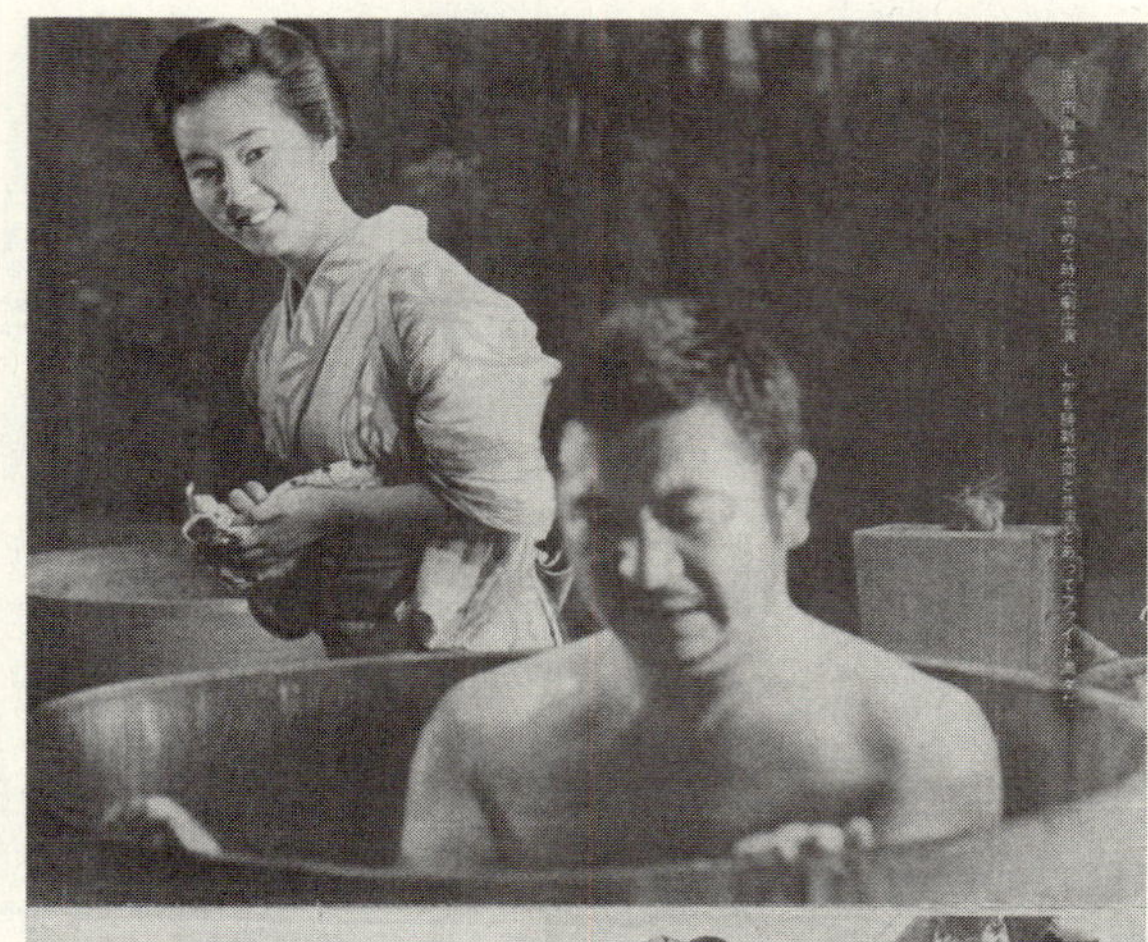

●カツラもお似合い！

▼そもそも彼女を大映に紹介したのは勝新太郎。奔放でのんきそうだが、芸の本質を見抜く眼はさすがに鋭い。ズブのしろうとの中にスターの素質を見抜いたわけだ。TV映画〝風雲児半次郎〟TVドラマ〝河内カルメン〟で認められた彼女は、今年2月〝処女が見た〟で若尾文子と共演でデビュー、大好評でみごと勝新太郎の恩にむくいた。3月には〝氷点〟で若尾と共演、つづいて〝野菊のごとき君なりき〟で太田博之と、〝殿方御用心〟で石坂浩二とそれぞれ顔を合わせ、そしていま〝座頭市海を渡る〟で〝恩師〟勝新太郎の相手役に選ばれ、初の時代劇でもあり〝うれしさでいっぱい〟と大喜びだ。

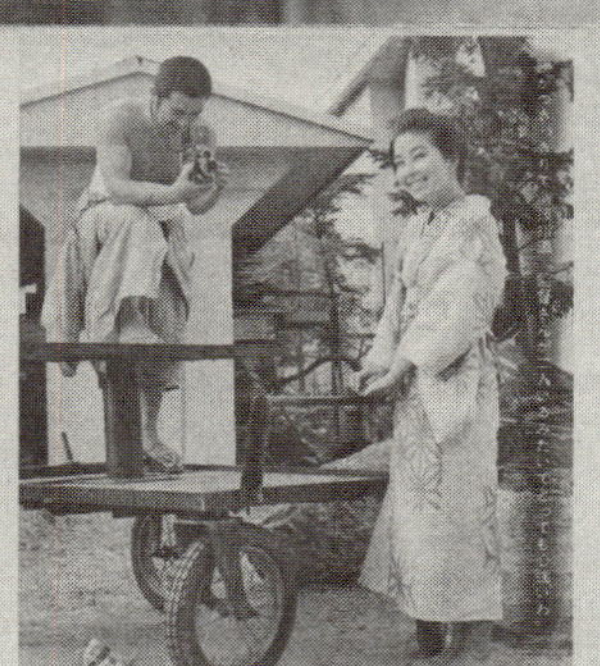

鈴木氏が週刊誌（詳細不明）から切り抜いて保存していた、安田道代（現・大楠道代）を紹介するグラビア。「座頭市海を渡る」で共演した頃のものだから、1966年か。「そもそも彼女を大映に紹介したのは勝新太郎。奔放でのんきそうだが、芸の本質を見抜く眼はさすがに鋭い」と紹介文にはある

第二部　内田吐夢と「大菩薩峠」

内田吐夢監督は戦前から１９７０年の遺作「真剣勝負」まで、60本以上の作品を残した日本映画界の巨匠である。巨匠と呼ばれる監督は他にもいるが、鈴木敏夫は少年時代から内田監督の映画に強く惹かれていた。今回は３部作として作られた「大菩薩峠」（57～59年）を取っ掛かりに、彼が今も大好きだという内田吐夢作品の魅力を探ってみたい。

名古屋に暮らす鈴木少年が、内田監督を初めて意識したのは57年に公開された「大菩薩峠」の第1作。彼は小学４年生だった。

その頃の東映のチャンバラ映画は毎週観ていたんですが、「大菩薩峠」は他のチャンバラ映画と全く違っていました。冒頭、おじいさんと孫娘の巡礼が大菩薩峠で一休みして、孫娘が水を汲みに行く。そこに深編笠の男が現れて、いきなりおじいさんを背中から斬るんです。これが主人公の机龍之助で、彼は刀の切れ味を試すために斬ったんです。酷い男ですよね（笑）。それで龍之助が家に帰ると、彼が翌日奉納試合で対戦する相手・宇津木文之丞の妻・お浜が会いに来て、夫に勝ちを譲ってくれと頼む。

龍之助は、「そういうことを頼むからには、お前にも覚悟があるだろう」と言って、お浜を水車小屋に連れ込んで犯してしまうんですね。翌日、試合で文之丞を〈音無しの構え〉で一撃のもとに倒した龍之助は、何とお浜と二人で江戸へ逃げていく。またお浜は、夫がやられたのに龍之助と逃げようと旅支度をして待っているわけですよ。この展開は衝撃でした。それまでの勧善懲悪のチャンバラ映画とは全然違いますから。

鈴木少年は机龍之助が酷い男だと感じながら、なぜか惹かれた。

子どもながらに珍しい人を見たという感覚があって、最初はそれで心惹かれたんです。また観てはいけないものを観ている感じも魅力的でした。龍之助はこのあと江戸でお浜を斬り殺し、第2作では爆発事故で盲目になるんですが「あんなに酷いことをしたんだから、目も見えなくなるよ」って思いましたもの。それでも第3作まで見続けたのは、主演が片岡千恵蔵だったことが大きいんです。その頃、東映では市川右太衛門と片岡千恵蔵が二大スターでしたが、僕は片岡千恵蔵の方が好きだった。洋画が好きで日本映画を観なかったおふくろが、二人を比較して「千恵蔵は目が優しい」と言っていたことも、幼い僕の印象に残っていたんです。だから千恵蔵が悪い奴を演じていても、嫌いにはなりきれませんでした。後に市川雷蔵や仲代達矢が龍之助を演じましたけれど、僕にとっての龍之助はやっぱり片岡千恵蔵なんです。

小学生の時に観た「大菩薩峠」の印象は強烈だったようで、彼は大学に入ってから中里介山が書いた長大な原作も読破している。

春秋社版の全17巻を一気に読みました。原作は１９１３年から41年まで連載が続いて、未完に終わっているんです。映画は3部作で完結していますが、原作を読むと映画では描かれなかった第4巻以降が面白い。そこから差別民が沢山出てくるんです。これが映画にならなかった理由でしょうが、もし千恵蔵がその後の龍之助も演じていたら、どうなっていたんだろうって勝手に想像しましたよ。また大学時代には、堀田善衞さんが「大菩薩峠」について書いた文章も読みました。堀田さんは千恵蔵版の映画を彼女と観に行ったらしいんですが、原作の龍之助は「細面で蒲柳のたち」と書かれた優男なんですね。千恵蔵はまったくイメージが違うと堀田さんは書かれていて、僕はショックを受けました（笑）。また堀田さんは龍之助が使う〈音無しの構え〉に注目していました。これは相手が攻撃してきたら刀を合わせることなく一撃で倒す、受け身の剣法であると。世界的に見てそれまで、受け身のヒーローはいなかった。ではなぜそんな剣法を使う龍之助を、原作が連載されていた大正時代から戦前の昭和までの読者が支持したのか。これは戦争と関係がある。つまり日本が中国に侵略した、15年戦争の中で原作は書き続けられた。この戦争は上の方が勝手に決めて侵略を行っているわけで、庶民は受け身でしかその状況を受け入れることが出来なかった。それが人気を得た理由ではないかと堀田さんは言っていて、この見方は面白いと思いましたね。

そういう時代のムードを背負った『大菩薩峠』を、どうして内田吐夢監督は50年代になって映画化したのだろうか？

それは仏教じゃないですか。原作者・中里介山は社会主義者からキリスト教に傾倒して、その後仏教にいった人なんです。『大菩薩峠』についても「これは大乗仏教を写しとろうとしたものだ」と言っているんです。この仏教観が、内田監督と作品を結びつけたと僕は思っているんですよ。

これは内田吐夢監督がどういう考えのもとに、何を信じて生きてきた人かという問題ですが、一つ大きなものとして仏教がある。内田さんの仏教観は後の「飢餓海峡」（65年）にも色濃く出ていますが、「大菩薩峠」の原作は大乗仏教を小説にしようとしたものでしょう。おそらく内田監督は原作が好きだったと思うんです。ではなぜ仏教へ傾倒したのか。

内田監督は戦時中、右寄りの思想を持っていて「鳥居強右衛門」（42年）や途中で製作が中止になりましたが「陸軍の華」といった、国策映画を作っている。その人が終戦の時には満州にいて中国の軍隊に捕まり、54年に帰国するまで中国で過ごしたんです。55年に「血槍富士」で監督に復帰しましたけれど、そこから戦後に彼を支援してくれたのは、左寄りの人たちだった。その葛藤の中で、内田監督は宗教の方へ行ったのではないかというのが僕の見方なんです。

もう一つ、戦前からのライバルであり親友の田坂具隆監督の影響もあると思います。田坂監督の場合は戦前に「真実一路」(37年)などのヒューマニズム溢れる作品を作っていましたが、この人は広島の原爆で被爆しているんです。戦後は原爆症に苦しみながらも復帰して、やがて「親鸞」、「続親鸞」(共に60年)といった宗教映画を発表する。被爆者の田坂監督が仏教に何か光を求めたように、内田監督は仏教に戦後の生き方の救いを求めた。だから田坂監督の存在が、僕は大きかった気がするんです。

また「大菩薩峠」には、内田監督の女性観や人生観も織り込まれていると見ている。

内田さんが中国で暮らしている間、日本には彼の奥さんと子どもがいたわけですけれど、その奥さんに対する不信感が監督の中にあったのではないかと。これは内田監督と多くの映画でコンビを組んだ脚本家・鈴木尚之さんが『私説　内田吐夢伝』の中で書いています。思えば『大菩薩峠』は女性に対する恨みを綴った小説でもある。机龍之助は出会う女性を次々に斬り殺していくのですが、その彼が心を奪われるのが、田舎で出会った可憐な少女なんですね。つまり少女はまだ女になっていない存在で、言ってみれば龍之助にとっての観音様なんです。そういう女性観が内田監督の胸に響いた気がするし、また共通項として思うのは龍之助が背負っている虚無感ですよね。内田監督は満州で、満映の理事長だった甘粕大尉の自殺に、壁一つ隔てたところで立ち会っている。その後も中国で強制労働させられた日本人たちの死に立ち会ってきた。そこで培われた虚無感みたいなものが、原作と内田監督を繋いだと思うんです。

もう一つ注目したい点が、内田監督が多くの作品で描いた〝弱者〟への想いだ。

第3作「大菩薩峠　完結篇」（59年）には大金持ちの庄屋の娘なんですが、左頬に大きな痣のあるお銀という女性が出てきます。金目当ての男たちが言い寄ってくるんですが彼女はそれを退けて、唯一心を寄せるのが盲目になった机龍之助なんですよ。彼とは、顔を見られないで触れ合えるわけですから。顔に痣がある人物は、僕にとって忘れられない内田監督の映画「妖刀物語　花の吉原百人斬り」（60年）にも出てきます。片岡千恵蔵演じる主人公は、赤ん坊の時に商家の前へ妖刀・村正と一緒に捨てられていたんです。その赤ん坊には、顔の半面に大きな痣があった。これが成長して千恵蔵になるんですが、商家を継いで成功している彼が、江戸に出たとき吉原の遊女である水谷良重（現・水谷八重子）と知り合う。この遊女は千恵蔵の痣を気にしない

東映スコープ
画面3倍
興味100倍
総天然色
アグファ
東映
剣の羽ばたき・宿縁の恋！
血を浴びて冴ゆる青眼音無しの構え!!
大型映画は東映
製作・大川博
監督・内田吐夢
企画・マキノ光雄
〃・玉木潤一郎
〃・南里金春
原作・中里介山
脚本・猪俣勝人
撮影・三木滋人
片岡千恵蔵
中村錦之助
長谷川裕見子
丘さとみ
日高澄子
浦里はるみ
波島進
片岡栄二郎
岸井明
山形勲
千田是也
大河内傳次郎
世界最長篇小説
最高配役で映画化!!
大菩薩峠

名作「大菩薩峠」をシネスコで映画化する内田組

時代劇の黄金時代を築きつつある東映の中にあつても、白眉を
われる内田吐夢監督が、「逆襲獄門砦」についで千恵蔵と組んで
つ本格的時代劇である。ことに、今回は題材を時代劇不朽の名作、
中里介山の「大菩薩峠」に選んで、内田監督としては初のシネマ
コープ、アグファ・カラーを使っての作品だけに、戦後の時代劇
歴史に新しい一ページを加えるものとして期待されている。写真
東映京撮のセットにて、前列左より川上晃（色彩助手）、山下耕作
監督）、田中憲次（照明）、秋田実（装飾）、倉田準二（助監督）、大西
三（助監督）、三木滋人（撮影）、大河内伝次郎、鷲尾元也（撮影助手
後列左より 増田悦章（照明助手）、梅津泰子（スクリプター）、片
千恵蔵、内田吐夢、佐々木稔郎（録音）、足立満（録音助手）の諸

『キネマ旬報』1957年6月下旬号。右は「大菩薩峠」の広告、左は「名作「大菩薩峠」をシネスコで映画化する内田組」のグラビア記事。「内田監督としては初のシネマスコープ、アグファ・カラーを使っての作品だけに、戦後の時代劇の歴史に新しい一ページを加えるものとして期待されている」とある

大菩薩峠【第一部】

脚本　猪俣勝人
製作　大川　博
原作　中里介山
監督　内田吐夢

東映京都作品

——キャスト——

机竜之助……片岡千恵蔵
宇津木兵馬……中村錦之助
裏宿七兵衛……月形竜之介
与八……岸井明
宇津木文之丞……波島進
島田虎之助……大河内伝次郎
土方才三……清川荘司
神尾主膳……山形勲
道庵先生……左卜全
植田丹後守……薄田研二
金蔵……片岡栄二郎
老巡礼……高橋義信
机弾正……高松錦之助
逸見利恭……香川良介
中村一心斎……荒木忍
玉造……中村時之介
真三郎……中村雅晴
鍛冶倉……吉田義夫
松本奎堂……加藤嘉
金六……水野浩
修験者……尾上華丈
都太郎……植木義晴
お浜……長谷川裕見子
お豊……〃
お絹……浦里はるみ
お滝……沢村貞子
深雪大夫……竹原季子
宇津木家下男久作……有馬宏治
壬生の飲み屋のおやじ……梅沢昇
紀州藩士……大国一公
近藤勇……永田靖
お柳……若水美子

1　大菩薩山嶺

延々、甲武の空に連なる峰、又峰に——

血のような夕焼け。

空も、まっ赤。山も、まっ赤。

そして、朽ちかけた〃大菩薩峠〃の道標も、赤く染っている。

キァ、キァ、キァと、不気味な山猿の啼き声。

2　峠の頂き

ゴーッと吹き抜ける夕風の中に、音もなく立つ深編笠の武士。

武士は、ふと人の気配に、傍らの妙見堂の後に身をかくす。

やがて、谷間の道から、巡礼姿の女の子（お松）が、勢よく上って来て、
お松「うわーっ、綺麗な夕焼け……」

峠の端に進んで、無心に夕焼けの空に見入る。

後れて上って来た老巡礼、お松の後姿に微笑を送ると、笠の紐を解いて、妙見堂の前に跪づく。

——と、低く圧く殺した声が、
声「おやじ」

老巡礼「へ？」と頭をあげて周囲を見廻すが、だれもいない。

気のせいかと、再び合掌しかけた時、背後にすーっと立った先刻の武士。

武士「（低く）起て」

老巡礼「へ……（腰を浮かす）」

武士「あちらを向け」

老巡礼が振向いた途端、刀影一閃——

キャァッ——と虚空をつかんで、その場に打ち倒れる。
その声に、少女お松が吃驚して駆け寄った時には、はや武士の姿はない。
お松「どうしたの、お爺ちゃん……あッ……」

3 下り坂

何事もなげに、下って行く先刻の武士。

腰に落した朱微塵の海老鞘。黒の着流しに、放れ駒の定紋。

坂下から、一癖ありげな旅人（裏宿の七兵ヱ）が上って来て深編笠の武士とすれ違う。二人、すれ違いざま、なんとなく眼が合った——

と思った瞬間、武士の手が腰にかかり、あわや抜かんとした刹那、七兵ヱの姿はましらの如く飛び去っている。武士の眼が、深編笠の奥で無気味に光る。

4 峠の頂き

駆け上って来た七兵ヱ、妙見堂の前で死体に取縋って泣いているお松を発見、急いで近寄る。
七兵ヱ「どうした、姉ちゃん」
お松「お爺ちゃんを……お爺ちゃんを、こんな非道い目に……」
七兵ヱ「だ、だれに殺られたんだ！」
お松「（オイオイ泣きじゃくりながら）誰れもいないのに、殺されてたんです…」
七兵ヱ「ふーむ、今のさむれえだな。これほどの腕をもちながら、むごいことをしやがって……」
優しくお松の背を撫ってやりながら、

屹っと下り坂の方を睨む。

そんな痛ましい情景を、黙って見下している妙見堂——

朽ちはてたお堂の扁額に、地獄極楽図絵が描かれてある。

その絵をバックに——

5 クレジット・タイトル

6 沢井村 机道場の表

放れ駒の定紋入提灯に、火が入る。

7 机弾正の病室

病み衰えた老剣士弾正、女中の世話で、薬湯を飲んでいる。
そこへ、ぬっと入って来たのは、先刻の峠の武士、机竜之助、朱微塵海老鞘の刀を脇に置いて坐ると、
竜之助「父上、お呼びでございますか」
弾正「（苦し気に咳込みながら）竜之助、何処へ行っていたのだ」
竜之助「（無視するように、答えず）…」
弾正「儂はこの通り、病床に臥する身、門人達の稽古も叶わぬ。あとを継ぐお前がこんなことで、机の道場はどうなるのだ」
竜之助「剣は己れのもの、人に教わったり、教えたりできるものではありますまい」
弾正「竜之助、そなたの邪心、そこまで昂じたか……」
老父弾正は、又しても苦しげに咳きこむが、竜之助は眉一つ動かさず、腕を組んだまま——
門弟が、廊下に膝まづき、
門弟「只今、和田村の、宇津木文之丞の妹と名乗るものが、若先生にお目通りを……」

竜之助「なに、宇津木の妹が……」

8 玄関脇の武者窓

門弟達の好奇の眼がのぞいている。
門弟A「妹なものか。細君だよ、ありゃ」
門弟B「ついこの間、内々で祝言をあげたという噂だ」
門弟C「じゃ、八幡村からきたという…」
門弟A「甲州切っての物持ちの娘、利かん気の美人で鳴らした女よ」

9 竜之助の居間

三つ指ついて、礼儀正しく一礼した女（お浜）じっと切れの長い瞳を上げて、竜之助を見つめる。
高島田、矢絣にお太鼓の、目もさめる婉艶な美しさ。
竜之助、冷たく見据えたまま、
竜之助「お浜どのとやら、この机竜之助に、どんな御用です」
お浜「はい、外でもございませぬ。明日の御嶽神社の奉納試合につきまして……」
竜之助、ちらと、机上の〝御嶽神社奉納試合組状〟に眼を落す。
お浜「兄は、その組状を見てから、心痛のあまり、夜も眠れぬ有様でございます」
竜之助「大事の試合なれば、無理もござらん。拙者とても同様です」
お浜「いえ、兄は……兄は、到底あなた様の敵ではございません」
竜之助「これは畏まったお言葉。同じ逸見道場に剣を学ぶも、破門同様の拙者とは違い、宇津木殿は師の覚えもめでたく、甲源一刀流の正統を継ぐお人……」
お浜「その誉れも、明日の試合で果敢なく消えましょう。そうなれば、文之丞と私の……（ハッと口ごもる）」
竜之助「（じっとお浜を見つめて）お妹御と言われたな。——拙者に何をお望みなのです」
お浜「（がっくりと島田をゆるがして）お願いでございます。武士のお情け、明日の勝負を、お預り下さいませ」
竜之助「なに、勝負を預れ……」
お浜「兄は、この試合がすみ次第、さる藩の指南役として、召抱えられる約束がございます。なほ、その時には、晴れて婚礼の披露も致す筈……文之丞にとりましては、一生の岐れ目でございますれば……」
竜之助「（冷い無表情のまま）御嶽神社の奉納試合は、四年に一度の晴れの舞台、一生の運不運を賭けて試合に臨むは、武芸者の常……」
お浜「それは、充分承知しておりますればこそ、このように……」
竜之助「このように……」
お浜「（必死に見上げる）机様、お願いでございます。兄を救けると思って、いえ、この私を……」
竜之助「お浜どの、われらが武芸の道は、何ものにも代え難いもの、譬えて申さば、女の操も同じです。親兄弟の為なりとて、操を破ることは許されまい」
お浜「それとても、家の大事、親兄弟の命にもかかわる時は……」
竜之助「（ズバリと）その時は、女の操を破ってよいと申されるか」
お浜「（ハッと見返すが）……」

10 裏手の水車小屋

流れの水をひいて、水車が廻ってい

— 77 —

『キネマ旬報臨時増刊　春の名作シナリオ集』（1957 年）に採録された、「大菩薩峠」第一部の巻頭ページ

ので、すっかり彼女に惚れた千恵蔵は、遊女を太夫にするために身代をつぎ込んでしまう。そして遊女が太夫になったお披露目の日に金をすべて失い、彼女からもすげなくされた千恵蔵は、村正を持って太夫の行列に斬りこんでいくんです。この映画を観たのは小学4年生のときですが、強く印象に残りました。この呪われた運命を持つ痣がある人間へのこだわりが、僕と宮さん（宮崎駿）の共通点なんです。「もののけ姫」（97年）の主人公・アシタカは、タタリ神の呪いを受けて腕に痣ができますよね。それで彼は旅立ちますが、アシタカは痣を持ったために村にいられなくなったんです。言ってみれば彼は追い出されたんです。普通の人はあれを勇壮な旅立ちと思うかもしれませんが、そうではない。あの映画は痣を持ったアシタカが、呪われた運命をどうやって克服していくかの物語でしょう。つまり痣がある人間は忌み嫌われていて、そういう人がどう生きていくのか。そこに僕も宮さんも興味があるんです。

痣があるために世間から疎外された者に対する、内田吐夢監督の想い。それは宮崎駿監督の「もののけ姫」（97年）にも通じるものだった。だが二人の監督を繋ぐ糸はそれだけではないと鈴木敏夫は言う。

戦後に内田監督は仏教に傾倒したと言いましたけれど、それは初めからではないと思うんです。54年に日本に帰国してから作った復帰第2作「たそがれ酒場」（55年）

殺人者を逃すな

小林恒夫作品

大菩薩峠

内田吐夢作品

「大菩薩峠」（第一部）作品紹介グラビア（『キネマ旬報』1957年6月上旬号）。「長い中国での生活に終止符を打って帰国するや「血槍富士」「黒田騒動」「逆襲獄門砦」と、片岡千恵蔵とのコンビで、時代劇の東映の中にあっても白眉と謳われている内田吐夢監督」とある

大菩薩峠

第二部

内田吐夢作品

「大菩薩峠　第二部」作品紹介グラビア（『キネマ旬報』1958年4月下旬号）

は、まったく違う趣を持った作品でした。実はこの映画、僕は公開の時に観ていなくて、宮さん（宮崎駿）に教えてもらって後に観たんです。

物語はある大衆酒場を舞台に、そこに集まる人々の7時間のドラマを描いている。ここには仏教観の欠片もないんですね。登場人物たちはみんな戦争というものを引きずっているんですが、歌劇界の花形だった男がしがないピアニストになっていたり、今はパチンコで暮らしている元絵描きがいたりと、実に多彩な人間が出てくるんです。舞台は酒場ひとつで、その人々の出入りを内田監督は見事にさばいている。まるでオーケストラの指揮者のように、人間たちのドラマを見せていく技術が凄いんですね。さらにクラシックやオペラ、流行歌まで、あらゆる音楽を使って一つだけの舞台に彩りを添えている。そこから浮かび上がってくるのは、人が生きるということの喜びや哀しみ。つまり哀歓がテーマなんです。

宮さんは41年生まれですから、この映画を学生時代に観たと思うんです。それで人間が持つ光と影の部分とか、二面性を学び取っていった。このことが、後の彼の映画に影響していると思うんですね。僕は40年近く宮さんと付き合ってきましたが、ビデオが欲しいと言われた映画はこれだけです。だからもしかしたら「たそがれ酒場」は、宮さんのベスト1映画かもしれません。僕もこれは凄い映画だと思いました。

また「たそがれ酒場」は、内田監督にとっても大きな一本だったのではないかと鈴木は見ている。

メインの一人に小杉勇演じる元絵描きの男が出てくる。彼は戦時中に戦争を賛美する絵を描いて、それで若者たちを戦場へ引っ張り出したという想いがある。だから戦後は絵を描かないで、市井の人として生きているんですね。これは戦時中に国策映画を作っていた、内田監督そのものでしょう。またその役を、小杉勇に演じさせているところにも意味があると思います。小杉勇は「人生劇場　青春篇」（36年）や「土」（39年）など、戦前の内田監督の代表作にほとんど主演しているんですね。その彼にここでは、自分自身を演じさせた。これによって、内田監督の何かが終わった気がするんです。これからはもう、自分を描くことはやめようと。そこから内田さんは仏教へと向かっていくんです。だからこそ「たそがれ酒場」以降、あれほど一緒に組んでいた小杉勇を、一度もその後の映画に使っていない。この映画は内田監督にとって、ひとつの分岐点になったと思うんです。

内田監督はその後、萬屋錦之介主演の「宮本武蔵」5部作（61〜65年）や、三國連太郎主演の「飢餓海峡」（65年）といった力作を東映で発表し、日本映画史に大きな足跡を残していった。その晩年にこれまであまり知られていないが、ある人物との出

会いがあった。

時期ははっきりしないんですが、おそらく内田監督が「人生劇場 飛車角と吉良常」（68年）を作った近辺のことだと思います。内田さんは東映動画で、アニメーション映画を作ろうとしたんです。その前から「恋や恋なすな恋」（62年）で一部アニメーションを使っていて、興味があったんでしょうね。そのとき内田監督が東映動画でやろうとしたのは『かぐや姫』なんです。そのスタッフの一員になったのが、高畑勲でした。みんなで内容を話し合っていくうちに、高畑さんがいろんなことを言ったからでしょうね。〝君、文章にまとめてみたまえ〟と内田監督に言われて、高畑さんが提出したのが「かぐや姫の物語」（13年）の原型なんです。だからあの映画に描かれた物語は、高畑さんが新たに作ったものではない。内田監督も目を通したレポートが基にあったんです。そう思って観直すと、最後に月からかぐや姫を迎えに来るところは、仏教の来迎図（らいごうず）ですよね。内田監督の中ではアニメーションであろうと、仏教へのこだわりで一貫していたんです。またこれは余談ですが、高畑さんの「平成狸合戦ぽんぽこ」（94年）の最後に〝死出の旅〟というフレーズが出てくる。これは『大菩薩峠』の中に出てくる『間（あい）の山節』という、物語の死生観を丸ごとうたったような唄（うた）があるんですが、その歌詞を僕が高畑さんに見せて、そこから採用したフレーズなんです。そういう意味でも何か不思議な繋がりを感じますね。

芸術選奨に輝く
内田吐夢監督

さる三月二十二日、昭和四十年度（第十六回）の芸術選奨受賞者が文部省から発表された。これは毎年、演劇、映画、音楽など八つの芸術部門で業績をあげた人々に贈られるものだが、その中の映画部門で、今回は内田吐夢監督が選出された。

監督生活三十九年、独特な作風で知られる内田氏については今さら多くを語ることもないであろうが、今回の受賞対象としては、最近作の「飢餓海峡」で意欲的な演出と新しい表現技法を示し、映画製作に新領域を開いたこと。また、多年数々のすぐれた作品を発表、わが国映画芸術の発展につくしたことなどがあげられている。

当年六十七歳。老来ますます元気かくしゃくとして、目下は大作「乃木大将」の撮影に入ろうと待機中の内田氏である。

『キネマ旬報』1966年4月下旬号のグラビア「芸術選奨に輝く内田吐夢監督」。「飢餓海峡」公開後、67歳の内田監督。「目下は大作「乃木大将」の撮影に入ろうと待機中」とあるが、実現しなかった

内田吐夢第二回作品
たそがれ酒場

「血槍富士」で大いにその健在ぶりを見せた内田吐夢監督の帰還後第二作として、この「たそがれ酒場」がえらばれた。

灘千造のオリジナル・シナリオはすでにキネマ旬報五月下旬号に掲載されている。東京のとある盛り場の、ありふれた酒場だけを舞台にして展開される物語で、まずセット一杯だけという空間と、わずか五時間程の時間経過という限定された時間空間の設定が興味を惹く。脚本作者灘千造は新聞記者出身の人で、シナリオ・ライターとしてはまったくの新人であるが、それだけに清新な着想、野心的な意図にも満ち満ちているわけであろう。この試みが、内田監督によっていかに視覚化されるか、かけられる期待ははなはだ大きいのである。内田監督が現代劇を手がけるのは「土」以来十七年ぶりのことであり、素材がきわめて現代的なヴィヴィドな多様性を持っているだけに、内田監督の演出領域をたしかめるデータとしての興味も湧く。いろいろと期待を

もたせる映画ではある。
出演者には、「土」「裸の町」など往年の内田作品の主演者として名声高かった小杉勇をはじめ、主要な役である酒場の名ピアニストには成城大学の音楽教授小野比呂志、酒場の歌手には新進のバリトン歌手宮原卓也の両素人がえらばれるという異色のキャスト、ストリッパーに扮する津島恵子ほか、野添ひとみ、宇津井健、東野英治郎、多々良純、有馬是馬、高田稔、加東大介、江川宇礼雄などといった顔ぶれである。
撮影は、四十坪近い大衆酒場ワンセットの中で、脚本の発展にしたがい、順序を追って撮影されるという、珍らしい順序で進行している。撮影西垣六郎、音楽芥川也寸志。製作は栄田清一郎である。
（新東宝 作品）

「たそがれ酒場」作品紹介グラビア（『キネマ旬報』1955年6月下旬号）。「血槍富士」で大いにその健在ぶりを見せた内田吐夢監督の帰還後第二作とある

第三部　笠原和夫とやくざ映画

脚本家・笠原和夫は東映において、60年代の「日本侠客伝」シリーズで任侠映画の、70年代初頭の「仁義なき戦い」シリーズでは実録路線の一大ブームを作った、〝やくざ映画〟の立役者の一人である。やくざ映画に多くの人が熱狂したこの時期、その中に大学生になった鈴木敏夫の姿もあった。

鈴木敏夫は１９６７年、慶應義塾大学に入学して名古屋から上京。当時は任侠映画ブームの真っただ中で、学生運動の最も激しい頃でもあった。

その頃、僕が映画を観ていたのは渋谷と五反田の東映なんです。渋谷で任侠映画のオールナイトに行くと、学生と夜の商売の女性たちでいっぱいでした。それで例えば高倉健さんが「法律でものを言ってるんじゃない」とセリフを言うと、「ヨシ」って学生たちから同意する声がかかる。健さんのセリフと行動にお客が反応して、渋谷東映はとにかくうるさかったんです。この掛け声が五反田東映ではまったくなくて、僕は普通に映画を楽しみたいと思ったら五反田東映に行っていました。その頃の健さんの人気は本当に凄かった。僕ら、団塊の世代のヒーローでした。

高倉健を任侠スターに押し上げた「日本侠客伝」シリーズ全11作のうち、笠原和夫は9本の脚本を担当している。

シリーズは第1作から観ていましたが、笠原和夫さんのことはまだ意識していませんでした。その後笠原さんの「博奕打ち　総長賭博」（68年、山下耕作監督）が、69年3月号の『映画芸術』誌上で三島由紀夫から激賞される。その文章も読んだし、オールスター・キャストで日本の近代史を、テロリズムのテーマから描いたオムニバス「日本暗殺秘録」（69年、中島貞夫監督）も面白かった。だから笠原さんが脚本を書いた映画はずっと観ていたのですが、僕が強烈な印象を受けたのは「日本侠客伝　昇り龍」（70年、山下耕作監督）でした。

「日本侠客伝　昇り龍」は火野葦平の『花と龍』を原作に、高倉健扮する沖仲仕の親分・玉井金五郎と藤純子演じる博徒で刺青師の〝お京〟との触れ合いを描いた作品である。

映画化された『花と龍』を全部観ていますが、小説は原作者の両親をモデルにした一代記なんです。これを笠原さんは、小説にはそれほど多く出てこないお京と主人公・玉井金五郎のラブストーリーに仕上げた。金五郎は温泉旅行に行ったときにお京と出会って、彼女から背中に刺青を彫らせてほしいと頼まれる。この刺青は〝昇り龍〟と〝下り龍〟が揃って完成するのですが、金五郎は用事があって〝昇り龍〟が彫りあがったところで家へ帰ってしまう。金五郎が帰ってきて、女房のマンが刺青を見てびっくりするんだけれど、この彫り物に〝京〟という銘が彫ってあるんです。最後は金五郎と再会したお京が死ぬ前に、その銘を消して金五郎を奥さんに返してやるという話です。笠原さんが他の脚本家と違っていたのは、基本的に心理劇なんです。

日本映画は溝口健二、小津安二郎、成瀬巳喜男とか一部の巨匠監督を除いて、ストーリーの面白さで見せようとしていた。ほとんど人間の内面を描かないのが日本映画の特徴だったんです。ところが笠原さんは表面的にそう見せながら内面を描いた人で、僕はそこに惹かれました。この映画でも金五郎を挟んでお京とマンの三角関係が描かれている。しかもスポットを当てているのは日陰の存在のお京の方で、悲劇的要素の中で人間らしさを映し出すのが笠原さんの特徴ですね。またこの頃、やくざ映画は沢山作られたけれど、それに男女の問題として真っ向から取り組んだのは笠原さんと加藤泰監督だけだったと思うんです。

さらに笠原和夫の書くやくざ映画は、時代の気分ともマッチしていた。

70年安保の学生運動は68年に頂点を迎えて、69年にほぼ終わっているんです。すると70年には戦いすんで日が暮れてという気分になっていました。激しい時代を通り抜けた後に、それを癒すかのように男女のことを扱った「日本侠客伝　昇り龍」が登場した。さらに翌年、笠原さんは「博奕打ち　いのち札」（71年、山下耕作監督）を書きます。ここでは鶴田浩二さん演じるやくざが、安田道代さん演じる、かつて惚れあった自分の女が、組長と結婚したために苦悩するんです。やはり三角関係ですけれど組長が途中で亡くなって、ヒロインが組を継ぐことになる。やくざ社会の中にいる限り、二人は結ばれないんですね。つまり普通のやくざ映画のように殴り込みをしても、何も解決しない。それで最後に二人は、死を覚悟してやくざ社会の外へ出て行こうとする。僕らが健さんのやくざ映画に自分を重ねて闘争していた時が過ぎた後に訪れた、ある種の倦怠感と閉塞感。それをこの映画は象徴していました。そういう意味でもこの映画は、忘れられない一本でしたね。

72年3月、藤純子が引退をして、任侠映画ブームは事実上終焉した。そしてこの年春、鈴木敏夫は大学を卒業して徳間書店に入社。『週刊アサヒ芸能』編集部に配属された。

笠原和夫脚本の「仁義なき戦い」シリーズ（74年まで、全て深作欣二）第1作公開が73年1月。雑誌編集者の僕はそれを、東映の試写室で観ました。最初に観たとき、二つのことを思ったんです。一つは、これは大ヒットする。手持ちカメラが凄く雰囲

鈴木敏夫 チラシコレクション

鈴木氏が大学時代に通っていた渋谷東映のチラシ。1970年12月3日〜16日は「日本侠客伝　昇り龍」と大信田礼子主演の「ずべ公番長・東京流れ者」（山口和彦監督）の2本立て（1970年12月号）

映画の斜陽化の防波堤として全力投球する東映!!
皆さん好みの企画をファンの1人1人がプロデュサーになって申し付けて下さい
10/27～11/9 女番町ブルース 牝蜂の逆襲
10/27～11/19 昭和残侠伝 吼えろ唐獅子
11/10～11/19 悪の親衛隊
11/20～12/2 日本女侠伝 激斗ひめゆり岬
現代ヤクザ 血桜三兄弟
1971
11月号
高倉健 素顔でお目見え
10月31日(日曜日)PM5時
新宿東映会館・渋谷東映劇場
東映
いつも楽しい東映映画
毎週土曜日はオールナイト興行です。

1971年11月号のチラシには、「10月31日（日曜日）PM5時」「高倉健　素顔でお目見え」と登壇を告知する一文が。一方で「映画の斜陽化の防波堤として全力投球する東映!!」というコピーも

気を出しているし、残虐なシーンが実にオブラートに包んで描かれていて、観る人にある種の快感を与える。ニューウェーブで、この路線はある期間続くだろうと思いました。題材的にも嘘っぱちの任侠映画と違って、本当の広島抗争を題材にしていましたからね。

その一方で、最初にこれは〝日本版「ゴッドファーザー」（72年）だ〟という売り方をしていたんですよ。でも実際に作品を観てびっくりしました。先輩社員と一緒に観たんですが、その人が観終わった後に「なんで日本人がやると、こんなに貧しくなるんだろう」と言ったんです。かたや「ゴッドファーザー」はお金をかけて作ったマフィアのファミリーの話でしょう。でも「仁義なき戦い」は、ファミリーと言っても別に強い結びつきのない組員たちの集まりで、しかもセットをはじめ、すべてが貧しい。先輩と二人で、「日本人は寂しいね」と言ったことを覚えています。

大学時代に映画を一観客として観ていた時とは違って、編集者として批評的に観るようになった鈴木敏夫。彼はまた、やくざを身近に感じるようにもなっていた。

『アサヒ芸能』の仕事で、最初に原稿を取りに行ったのが、本物のやくざから俳優に転身した安藤昇（あんどうのぼる）さんだったんです。飲み屋で安藤さんと初めてお会いしたのですが、とても律儀な人でね。原稿を楷書（かいしょ）で、万年筆で書くんです。ゆっくり字を書いていくのが印象的で、映画で観たカミソリのようなやくざの感じとギャップがありました。安藤さんの他にも、雑誌の取材で本物のやくざの方たちに会ったんですが、商社マンみたいな人が多かった。だからそれまで観てきた任俠映画のやくざ、実録路線の無茶苦茶やるやくざ、そして本物のやくざの方と僕は仕事を通して異なるやくざの姿を見てきたんですね。

笠原さんも徹底した取材をして脚本を書いていたから、本物の人に随分会ったと思うんですけれど、「仁義なき戦い」シリーズを観ると、笠原さんという人のフィルターを通したやくざ像になっていると思うんです。それは人間というのは、どうしようもない面を持っているんだと。それを基本にして、地べたから人物を見て捉えている。だからあのシリーズでは人のダメさをあからさまにすることで、人間の本性を出していくものが多いですよね。印象的なシーンは「仁義なき戦い　広島死闘篇」（73年）で山中役の北大路欣也さんが無様に死ぬところと、「仁義なき戦い　頂上作戦」（74年）で菅原文太さんの広能と小林旭さんの武田という、かつて敵対していた二人が別れる場面ですね。その後高田宏治さん脚本の「仁義なき戦い　完結篇」（74年）も作られましたが、これは面白いと思いませんでした。

その笠原和夫が書いた、実録路線の到達点が「県警対組織暴力」（75年、深作欣

二）だという。

これが笠原さんの代表作だと思います。ここでは菅原文太さん演じるやくざ担当の刑事が、取り締まっているうちにやくざの心情に共鳴して、公私の境界線が分からなくなってくる。そのことが原因で彼はやくざとの癒着を糾弾され、派出所勤務に左遷されて、最後は虫けらのように殺されてしまうんです。これって明らかに自己憐憫なんですよ。僕にはこの主人公が、笠原さん自身に見えてしょうがない。例えば「日本暗殺秘録」（69年、中島貞夫）ではテロリストたちの心情に気持ちが寄っていく。「仁義なき戦い」ではどうしようもないやくざたちの生き方、死に方に惹かれていく。公序良俗的に言うと、決してちゃんとした映画ではないですよね。でもそこに笠原さんは人間のリアリズムを見たと思うんです。

ただその先に待っているのは破滅で、基本的には破滅主義者だったと思います。その笠原さんと「仁義なき戦い」シリーズや「県警対組織暴力」を作った深作欣二監督は、同じような気分を持っていた気がします。深作監督も他の脚本家と組んで「現代やくざ　人斬り与太」（72年）や「仁義の墓場」（75年）など、破滅型のやくざを描いています。ただ深作さんは、笠原さんほどリアリズムの人じゃない。深作さんはよくバイオレンス派の監督と言われますが、それは嘘ですよ。深作さんの映画では、人が殺されるシーンを平気で観ていられる。気持ち悪くないんです。でも笠原さんが書いた脚本は、もっと惨い暴力が描かれている。それをその通りに撮った人はいないと思うんです。

75年の「県警対組織暴力」で実録路線のピークを迎えた笠原和夫。その作品世界の本質はどこにあるのだろうか？

笠原さんは第二次世界大戦終戦の時に18歳で、軍国少年だった。日本が戦争に負けたことで、ありとあらゆるものを失った世代です。またそのことが、彼がものを書く原動力にもなっていると思うんです。そういう背景があるから、映画化されなかったですけれど『日本共産党』や『昭和の天皇』といった脚本も書いていて、思想的には右でも左でもない。アナーキストだと思うんです。とにかく全部壊してしまいたい。それが笠原さんの根本にあると思います。これは後にビデオで観たんですが、「祇園の暗殺者」（62年、内出好吉）という時代劇を書いている。主人公は近衛十四郎さん演じる薩摩出身の勤王の志士で、これがいろんな藩の志士から邪魔者扱いされて、最後には殺されるという作品なんです。笠原さんは自分の作家性が出た、最初のリアリズム時代劇だと言っていますが、その行き場を失っていく主人公の絶望的な気分。これって作品が作られた62年には違和感を持って受け取られたと思うけれど、ある意味

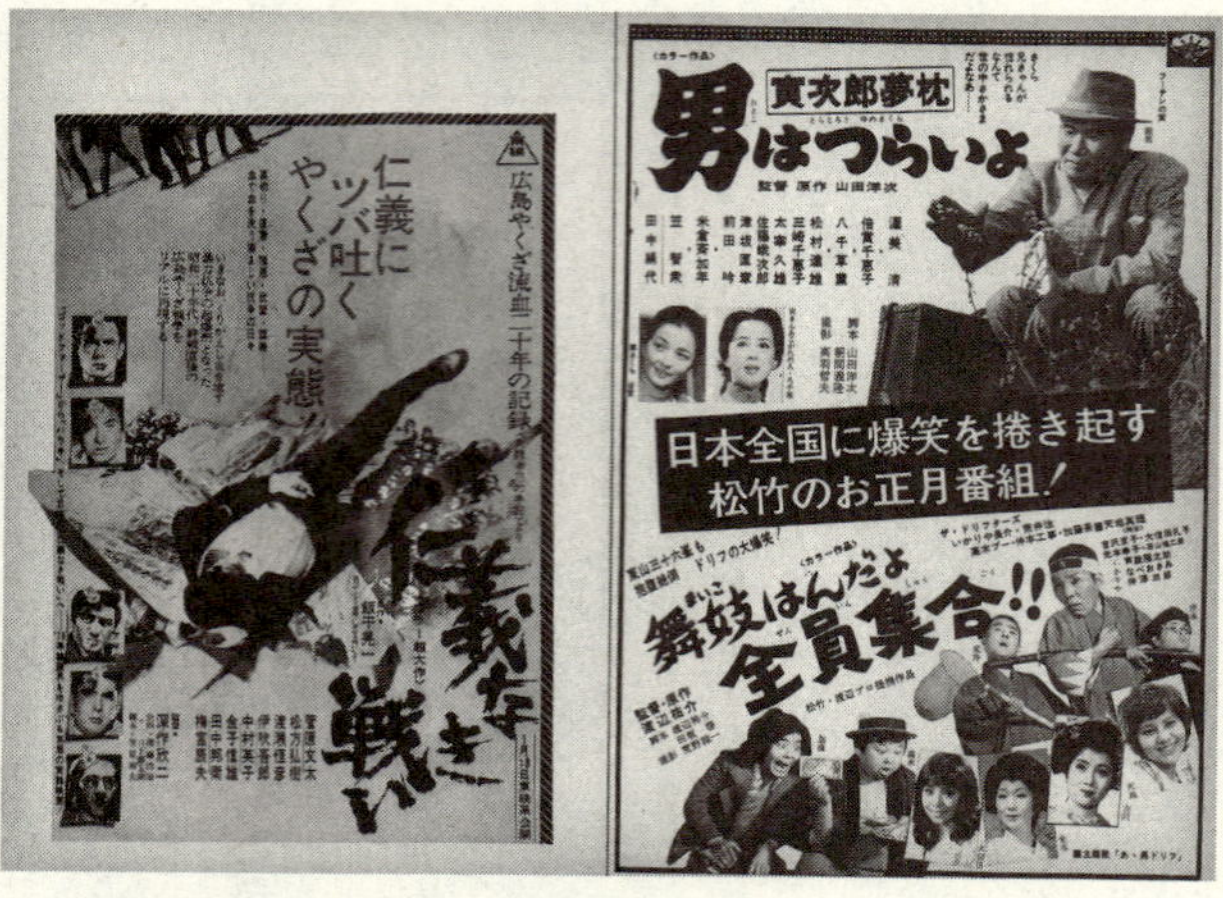

『キネマ旬報』1973年1月下旬号に掲載された、「仁義なき戦い」の広告。当時は見開きで松竹と東映の広告が並んでおり、松竹の方はお正月映画「男はつらいよ　寅次郎夢枕」と「舞妓はんだよ全員集合!!」2本立ての広告が

シリーズ第２作「仁義なき戦い　広島死闘篇」の広告は『キネマ旬報』1973年４月下旬号に掲載。「《仁義なき戦い》衝撃のラストシーンにつゞいて広島やくざ戦争、非情殺戮の凄まじさを、さらに追いつめる待望の第２弾」と惹句も熱い

では最先端だったと思うんですよ。

その当時に笠原が持っていた最先端の感覚は、60年と70年の安保闘争の根底にあった、思想的な基盤の違いと関係があると鈴木敏夫はいう。

僕は70年安保の渦中にいながら、〝自己否定〟という言葉に疑問を持っていました。60年安保の時には〝自己批判〟という言葉があって、これなら分かる。批判して、それからどうにかすればいいわけでしょう。でも否定となると自分を失くしてしまうということで、その先には何もない。この言葉からも分かるように60年安保と70年安保の違いは、60年安保には闘いによって壊した後のビジョンがあった。でも70年安保は壊したら終わりで、その後のビジョンがない。これって笠原さんの映画と同じなんですよ。

笠原さんが描く作品には何かを積み上げよう、生み出そうというものがない。例えば「仁義なき戦い」シリーズにしても、組織が拡散していくだけで、何も生み出しませんよね。その前の「博奕打ち　いのち札」(71年、山下耕作)は主人公とヒロインが、ひたすら破滅に向かっていく。笠原さんは自分が持っているものをそのまま反映させただけなんだろうけれど、62年の「祇園の暗殺者」の時はその中に込めた気分が最先端で、70年安保の頃には時代の気分とぴったりと合っていた。それは「仁義なき戦い」シリーズを経て「県警対組織暴力」（75年、深作欣二）の頃まで続いたと思います。でもそこからは時代の気分が変わって、笠原さんが書くものとずれてきた。笠原さんは「二百三高地」（80年、舛田利雄）や「大日本帝国」（82年、舛田利雄）などの歴史大作に活路を求めたけれど、僕には面白くなかったですね。やはり70年前後の気分が似合った人なんです。

70年前後、笠原和夫が時代と並走できたのは、彼が生きてきた過去と関係があると鈴木敏夫は見ている。

例えば明治生まれの黒澤明監督は、関東大震災を経験した。それで大震災と戦争と貧乏が、黒澤さんの映画には入っています。自分が生まれ育った時代に味わった喪失感がもの作りの基盤になっていると思うんです。でも黒澤さんの「赤ひげ」（65年）はそれらの要素が全部入った映画だったけど、僕はリアルタイムで観てピンとこなかった。当時は高度経済成長の最中で、あそこに描かれたファンタジーとしての貧乏は、時代とずれている気がしました。これが「七人の侍」（54年）の頃の農民の貧乏だと、終戦から10年経たないときの気分とぴったり合っていたんでしょうけれど。

片や笠原さんが基盤にしていたのは、戦争と貧乏でしょう。盛り込んでいるテーマは黒澤さんとさほど変わらないけれど、こちらには同時代観を覚えた。豊かになってきても行く先が見えない、70年代前後の社会的な閉塞状況。それは自分が喪失感を味わってきた戦後史を見つめ直すことによって突破できるヒントになるんじゃないかと、笠原さんはやくざ映画の形を借りて作品の中で問い続けた。そしてその描き方は75年くらいまで機能していたんです。そう考えるとものを作る人間にとって、生まれ育ってきた時代に何が起きたかは、すごく大きいんです。宮さん（宮崎駿）にしても終戦のとき4歳ですが、思春期にかけて人間性とは何かとか、戦後に大上段に振りかざした人生論を教え込まれた世代です。そこで学んだヒューマニズムとか、人間性の回復みたいなものは宮さんの映画に投影されている。だからテーマ自体が大きいんです。

でも今の若い作り手を見るとね。何を根拠に映画を作ればいいのか、分からなくなっている気がするんです。自分の過去に作る基盤を見つけられない時代ですから、本当に大変だと思いますね。そんな若い人たちが笠原さんの映画を観て、そこから何を受け取ることができるか。作品の中に時代と向き合うヒントがあると僕は思うんですけれどね。

『キネマ旬報』1962年6月上旬号に掲載された「祇園の暗殺者」グラビア（左）。右ページは勝新太郎主演の「新・悪名」（森一生監督）

『キネマ旬報』1975年5月上旬号に掲載された「県警対組織暴力」の広告。「やくざ社会にどっぷりつかって這いずりまわるこいつも刑事！」という惹句が

第四部　加藤泰

加藤泰監督は戦時中に満映で作った文化映画を皮切りに、戦後になって宝プロ、東映、松竹、東宝を渡り歩き、様々なジャンルの劇映画を発表した。その作品群は大きく時代劇、任侠映画、時代劇でも股旅物、人間の暗部を映し出した現代アクションなどに分けられる。鈴木敏夫が加藤泰の映画に熱狂したのは、60年代後半の大学時代だった。

それまでにも『ハムレット』を翻案した、大川橋蔵主演の「炎の城」（60年）とかを面白いと思って観ていたんですが、加藤泰の名前を意識し出したのは大学に入ってからですね。67年か68年ころ、池袋の映画館で加藤泰特集をやっていて、そこでかなりまとめて観たんです。

「明治侠客伝　三代目襲名」（65年）の印象は強烈でした。鶴田浩二の主人公が、藤純子演じる娼妓が親の死に目に会えないと分かって、彼女を3日間買い上げて自由にしてやる。親に会って帰ってきた藤純子と、鶴田浩二が川べりで再会するんです。この時藤純子は土産の柿を手に持っているんですが、それを渡すところが名場面。でもこの間観直したら、僕はここを間違ったカット割りで覚えていました。僕の記憶では藤純子の足のアップがあって、柿を持っている手にパンアップする。それから彼女の顔のアップになると思っていた。言い方は悪いんですが、藤純子さんの手足は無骨なんですよ。そういう生活の中で形作られた手足を映して、それでもきれいな女性ですよっていう感じで顔を見せていたと思ったんです。観直したらそのカットの順番が違っていましたけれど、藤純子の手と足の印象がそれほど強烈だったんです。また手足から見せていって、そのキャラクターを表現する加藤泰の撮り方に感動したんです。この作品から加藤泰に入れ込みました。

後の藤純子主演の「緋牡丹博徒　お竜参上」（70年）では、緋牡丹(ひぼたん)のお竜が菅原文太さんの常次郎に雪の今戸橋(いまど)でミカンを渡す場面があるし、「沓掛時次郎　遊侠一匹」（66年）には萬屋錦之介の渡世人・時次郎に、ヒロインの池内淳子(いけうちじゅんこ)さんが柿を渡す場面が出てくる。果物を使って男女の結びつきを表現するのも加藤泰の特徴ですよね。

「沓掛時次郎　遊侠一匹」の話が出たが、この作品と62年の「瞼の母」は、どちらも長谷川伸の戯曲が原作。加藤泰は長谷川伸の股旅物が大好きだったというが、鈴木敏夫も大学時代、長谷川伸の戯曲や小説を読み込むほど、その作品群が好きだったとい

う。

長谷川伸の原作を映画化したものは数は多いですけれど、加藤泰のものは一味違う。例えば「沓掛時次郎　遊侠一匹」では冒頭に、主人公・時次郎の弟分として、渥美清演じる身延の朝吉が出てくる。彼は世話になった親分から喧嘩の助っ人を頼まれて断る時次郎に反抗して、単身助っ人に行って斬り殺されるんです。時次郎は渡世人を利用しようとしている親分の思惑を知って助っ人を断ったんですね。この人に騙されたくない、利用されたくないというクールな主人公像は加藤泰が独自に付け加えたもので、そこが好きでした。

また時次郎は渡世の義理から、何の恨みもない六ツ田の三蔵を斬る羽目になる。それで三蔵が死ぬとき、彼は女房のおきぬと半分ずつに割って持っている櫛を時次郎に託すんです。これも原作にはない映画の脚色です。櫛を託された時次郎は、おきぬと息子の太郎吉を親戚の所まで連れていく。ところが親戚はすでにその場所にいなくて、体を壊したおきぬのために時次郎は働き出すんです。その内に時次郎とおきぬの間に愛が芽生え、それを自覚したおきぬは時次郎の前から姿を消す。これも加藤泰の脚色です。

それから一年後、時次郎はおきぬを捜して高崎の宿にいる。ここで彼が自分の友達の話として、おきぬに対する想いを宿の女将に話す長い場面があるんですけれど、それが名シーン。おきぬに対する想いに気付いた自分を汚いとも、三蔵に対して済まないとも思うんですけれど、「人間の心なんてものは、手前でどうこうできるもんじゃねえ。勝手に動きやがる」と彼は言う。この長い告白の後で時次郎はおきぬと再会するんですが、自分ではどうにもならない心の動き。これが加藤泰の映画に出てくる人間すべてに共通しているんですね。つまり結ばれるはずのない二人が、心が勝手に動いて互いに好きになってしまう。上手くいくはずがないのに、それを我慢できない。そこに加藤泰の独特の情念があると思います。

またこの映画では、おきぬを演じた池内淳子も素晴らしかった。彼女はこの映画と川島雄三監督の「花影」（61年）が際立っていましたね。原作を脚色した部分は色々あるんですが、加藤泰は長谷川伸の描きたかった精神性を最もよく伝えている監督だと僕は思いましたね。

結ばれないと分かっていても心が動いてしまう男女を描いた加藤泰監督。その一つの到達点が「人生劇場　青春篇・愛欲篇・残侠篇」（72年）、「花と龍　青雲・愛憎・怒濤篇」（73年）、「宮本武蔵」（73年）と続く松竹で作った3部作だと鈴木敏夫は見ている。元々東映京都で活躍していた加藤泰が松竹で映画を撮ることになったのは、松

竹の野村芳太郎や山田洋次が彼のファンで、二人から一緒に仕事をしないかと誘いがあったのがきっかけだった。

加藤泰は山田洋次監督の「馬鹿まるだし」（64年）の脚本を一緒に書いて、その後安藤昇主演の「男の顔は履歴書」（66年）を松竹で監督するんですね。68年には加藤泰と山田さんが脚本の構成を手掛けた佐藤允主演の「みな殺しの霊歌」も作っていますけれど、これが僕は好きでした。これは野村芳太郎監督の「五瓣の椿」（64年）という、父親の復讐のために次々に男を殺していくヒロインを描いた時代劇が当たって、その男性版を作ろうという企画だったんです。こちらは有閑マダムたちに弄ばれて自殺した少年のために、彼と親しかった佐藤允が復讐していくもので、そのハードなタッチが面白かった。

山田さんが加藤泰に声をかけたのは、おそらくですがその前に60年代初頭、松竹ではヌーヴェルヴァーグの波があった。そこでは大島渚、篠田正浩、吉田喜重といった監督が難しい映画を作っていました。でも山田さんは同世代でありながら、違う方向性で仕事をしようとしたわけですよね。そこで惹かれたのが、理屈や観念ではなく人間と向き合った加藤泰の映画だった気がするんです。

そして72年、加藤泰は松竹が力を入れた2時間47分に及ぶ夏の大作「人生劇場」の

『キネマ旬報』1965年9月上旬号に掲載された「明治侠客伝 三代目襲名」の広告（右）。ちなみに左ページには「永六輔が新宿コマでミュージカル」といった記事が

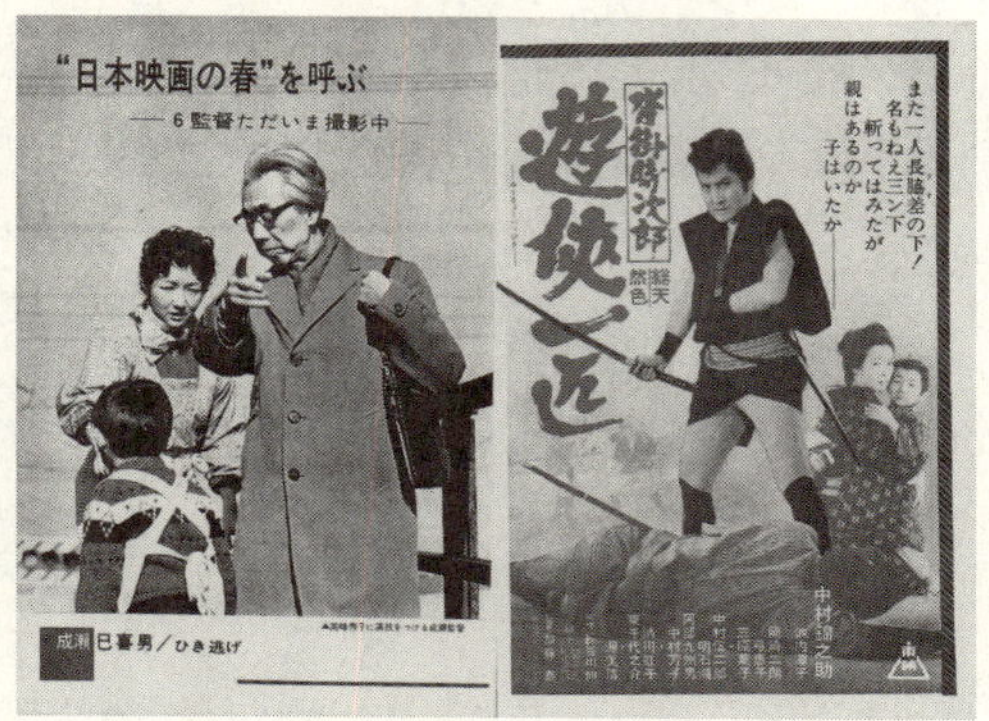

『キネマ旬報』1966年3月下旬号に掲載された「沓掛時次郎 遊侠一匹」の広告（右）。左ページには「"日本映画の春"を呼ぶ—6監督ただいま撮影中—」と題したグラビア特集の表紙で、「ひき逃げ」撮影中の成瀬巳喜男監督のスナップ

監督を任されることになる。

「人生劇場」から始まる、「花と龍」、「宮本武蔵」の大作3本に共通するのは、どれも青春を描いていることです。僕は戦後の「人生劇場」映画は全て観ていますけれど、加藤作品で驚いたのは田宮二郎演じる吉良常の青春を描いたことですね。通常の「人生劇場」では、吉良常は例えば辰巳柳太郎とか月形龍之介といった重鎮のおじさん俳優が演じる。でもここでの吉良常は大陸へ行って危ないことをして小金を稼いだり、必死に生きている感じで、もっと若々しいんです。そんな風に吉良常を描いた人はそれまでいないですけれど、実はこっちの方が原作に近いんです。吉良常だけでなく、この映画は登場人物全員の青春群像になっている。竹脇無我演じる主人公・青成瓢吉は、同棲までした元娼婦のお袖が邪魔になって捨てようとする、本当にいい加減な男なんです（笑）。そのいい加減さが竹脇さんの好演もあって面白いんですが、青成が作家として浮かび上がろうと必死にもがく姿が描かれていて、それもまた青春ですよね。

中でも注目されるのが、加藤泰が描く女性たちだ。

お袖を演じた香山美子さんが素晴らしいんです。彼女は「花と龍」や「江戸川乱歩の陰獣」（77年）といった加藤泰作品に出ていますけれど、どれもが女優としての代表作ですね。「人生劇場」にお袖が登場するのは、大きく3回だけなんです。最初に青成と同棲しているときは、彼と一緒に生きていこうとする健気な女の感じ。次は男と別れて、浅草辺りの娼婦になっている。これが本当にスベタという表現がピッタリな雰囲気。そして最後は、青成の故郷・吉良にある料亭の女将に納まっているんですけれど、そのメイクが全部違っていて、女性のいろんな面が出ているんです。

また高橋英樹演じる侠客・飛車角の情婦・おとよに扮した倍賞美津子もいい。倍賞さんは「花と龍」では女博徒で刺青師のお京、「宮本武蔵」では最後に宮本武蔵の親友・又八と結ばれる朱実も演じていますが、どれも印象的。

「花と龍」では賭場に渡哲也扮する主人公・玉井金五郎がやってくる。そこで壺を振っているのが倍賞さんのお京で、彼女は着物の片肌を脱いで肩の刺青を見せながら金五郎をじろりと睨む。この表情が実に色っぽい。倍賞さんは他の映画だとバイタリティ溢れる女性の役が多いですが、加藤泰の映画ではまさに全身〝女〟という感じが匂い立ってくるんです。

「宮本武蔵」でも本当は武蔵が好きなんだけれど、最終的には又八の子供を身ごもって彼と生きていこうとする朱実を見事にやっている。お京は言ってみれば金五郎の愛人役だし、朱実は報われない恋をしている女性ですけれど、加藤泰はそんな女性に肩入れするんですね。「人生劇場」でもおとよは飛車角と、彼の弟分の宮川との間で揺れる女性で、どちらの男に対しても本気で愛をぶつけていく姿がいいんです。

僕はこの松竹で作った3部作にこそ、加藤泰の男女の関係の真骨頂があると思っているんです。

加藤泰が70年代に松竹で作った3部作で描いた男女の青春。そこに出てくる人間たちは、誰もが一所懸命に生きている。この〝一所懸命〟に加藤泰映画の本質があるのではないかと鈴木敏夫はいう。

加藤泰の作品を観ると、〝世の中、男と女しかいない〟というのがテーマだと思うんです。ある意味非常に単純化された世界観だけれど、それは生まれた時代とも関係していると思いますね。加藤監督は大正5年の生まれなんです。実は戦後の高度経済成長を担った人は、大正生まれで僕の親父たちの世代なんです。その人たちは戦争を味わっているから、若い頃はいいことが何もなかった。敗戦から日本は奇跡の復活を遂げるんですけれど、そこに新しい社会を作ろうと必死に頑張ったんです。またそれが実際に、成果を挙げた。戦争を潜り抜けて激動の時代を生きてきた人には、あれこれ難しく物事を見るんじゃなくて、単純明快に物を考えて行動するパワーがある。またそうじゃないといろんなことを乗り越えられなかったと思うんです。その単純さと

『キネマ旬報』1972年7月下旬号の「人生劇場　青春篇・愛欲篇・残侠篇」グラビアより。ロケ現場での加藤泰監督。「記者会見の席上では、加藤監督は「熱血の青春ドラマをめざす」と、その抱負を語っていた」（グラビア解説より）

反骨心みたいなものが原動力になって、状況を動かしていった。それは加藤泰の映画にも感じることです。出てくる男女は言葉で愛を語るというよりも、全身でぶつかって愛を確かめ合っていく。それは理屈じゃないんですね。

それだけに彼の映画では、男女が社会的な立場を抜きにすれば、性別と関係なく熱量的には同等の存在として描かれる。

特に強い女性が好きですよね。加藤泰の映画の常連である任田順好（とうだじゅんこう）という女優なんか、まさにそうですよ。彼女は「人生劇場　青春篇・愛欲篇・残侠篇」（72年）で、小説家・宇野千代（うのちよ）をモデルにした女流作家・小岸照代を演じていますけれど、作家仲間の青成瓢吉と同棲する。ところが青成がいい加減なものだから、〝わたしもうダメ。息が詰まる〟って言って、出ていっちゃうんです（笑）。加藤監督が好きなのは、こういう自分で人生を切り拓（ひら）いていく女性ですよね。「宮本武蔵」（73年）を見ても、状況に流されていくヒロインのお通にはそれほど気持ちがいっていない。他の「宮本武蔵」映画ではサブ・ヒロインとして登場する、もっと女として人生を全うしようとする朱実の方に興味があるんです。その女性観は一貫してありますね。

また加藤泰は、1938年に29歳の若さで亡くなった伝説の天才監督・山中貞雄（やまなかさだお）の甥（おい）でもある。その影響はないのだろうか？

加藤泰の宮本武蔵

「人生劇場」「花と龍」につづき、松竹が加藤泰監督を起用した超大作路線の第三作め「宮本武蔵」が完成した。

『キネマ旬報』1973年7月下旬号の「宮本武蔵」グラビア。「松竹が加藤泰監督を起用した超大作路線の第三作め」（グラビア解説より）

僕はまったくないと思いますね。現在遺されている3本の山中作品を観ても、男女の捉え方はまったく違いますから。それで面白いのが加藤泰は、叔父さんの山中の生涯を綴った『映画監督 山中貞雄』（キネマ旬報社刊）という本を書いていますね。それを読むと強引に男と女のドラマとして、山中貞雄の作品を自分の方へ引き寄せようとしているんだけれど、それは的が外れていると思うんです。ただ僕はこの本が、その的外れの部分が逆に面白いと思いました。

では鈴木敏夫にとってもっと身近な存在、宮崎駿監督との接点はどうだろう。宮崎駿もまた、一所懸命に生きるヒロインを作品に登場させてきた映画監督だが？

それで言うと、加藤泰というのはどんな人だったんだろうと思いましたね。例えば宮崎駿は確かに前向きで一所懸命、一途で健気に生きるヒロインを描いてきた。だけど本人はどうなのかといえば、非常にペシミスティックにものを見る人なんです。加藤泰は作品からすると熱血漢という感じがするけれども、とにかくどんな状況でも頑張る人が好きですよね。では頑張らない人、頑張れない人に対してはどう思っていたんだろうって、そこが見えてこないんです。

この間、40歳前後の人に加藤泰の映画を観せたら、とても喜びました。男と女は本来、こうあるべきですねってその人は言っていたんです。でも一方で、その人に川島

『キネマ旬報』1972年7月下旬号掲載の「人生劇場　青春篇・愛欲篇・残侠篇」広告

『キネマ旬報』1971年6月上旬号掲載の「緋牡丹博徒・お命戴きます」グラビア

加藤泰が叔父である山中貞雄の生涯を追った著書『映画監督 山中貞雄』（キネマ旬報社刊）

雄三監督の作品を見せたら、そっちの方に惹かれるんですね。川島さんはダメな人たちに温かい目を注いだ監督で、出てくるのはダメ男ばかりですよ（笑）。そっちの方が今の気分には合っているのかもしれない。最近の恋愛ドラマを見ると男は女々しく、女は計算高いという描き方が多い。現実にも女性の方が堂々としていて、男の方がだらしない。そういう人たちが男は男らしく、女は女らしい人間が出てくる加藤泰の映画を観たらね。一所懸命に生きる登場人物たちに、疲れてしまうのかもしれません。だから今はどちらかと言えば川島雄三の時代なのかもしれませんが、いろんなことがややこしくなっているこんな時代だからこそ、僕は加藤泰の映画を観てほしいです。

第五部　森﨑東

時は1971年。鈴木敏夫は慶應義塾大学の学生だった。前年の6月、日米安全保障条約が継続延長され、これを阻止しようとした学生たちの70年安保闘争は実ることなく終結。精神的な虚脱感に襲われていた鈴木は、一本の映画と出会う。それが森﨑東の監督第5作「喜劇 女は男のふるさとヨ」だった。

森﨑さんは松竹の監督で、デビュー作「喜劇 女は度胸」（69年）から観ていましたが、それほど印象になかったんです。当時映画は渋谷で観ることが多かった。駅から東急百貨店本店に行く通りに大映と日活の映画館があって〝大映通り〟と呼ばれていましたが、大映と日活はダイニチ映配として共同配給を行っていたけれど、まったくお客が来なくて。東宝も同様で、東映だけが好調だったんです。その渋谷東映の地下に松竹の映画館がありました。ここもまったくお客がいないんです。その頃の松竹は松竹ヌーヴェルヴァーグの監督たちが次々に退社して、山田洋次さんが唯一「男はつらいよ」シリーズで頑張っていました。ただ僕には「男はつらいよ」も、はじめはそれほど面白くはなかった。というのも先行して作られたTVシリーズが好きで観ていましたからね。それがどんな映画になるんだろうと思ったら、TVの焼き直しに思えたんです。そこから、「男はつらいよ」って本当に面白いんだろうかと思いつつシリーズを観ていくんです。好きになったのは、途中から。話が最初から横道にそれるけど、やっぱり、リリーの登場からですよね。

話を森崎さんに戻します。シリーズ3作目が森崎さんの監督第2作「男はつらいよ フーテンの寅」(70年)で、これも面白くなかった。だから森崎東っていう人はダメだなって思ったんです(笑)。ところが、「喜劇 女は男のふるさとヨ」を観て本当にびっくりしたんです。

「喜劇 女は男のふるさとヨ」は、森崎監督の〝女〟シリーズ第1作。ストリッパーや踊り子が住み込みで生活する新宿芸能社を舞台に、女性たちの人間模様を描いたものだ。

ヒロインは倍賞美津子さん演じるストリッパーの笠子です。彼女は全国を飛び歩いて仕事をしているけれど、久しぶりに新宿芸能社に帰ってくる。それで彼女は河原崎長一郎さん扮する照夫と出会うんですが、この男が凄く献身的。笠子がボロボロの車を見せて、これを改造して全国を回りたいと言ったら、照夫は僕が整備工場で働いているから安く改造できるというんです。その車がちょっとしたキャンピングカー並みに新しくなって、笠子はビックリする。次に彼女は車の運転を覚えたいというと、照夫は彼女の巡業に運転手として連れ添いながら、運転を教えるんです。それで運転を覚えたら、笠子は彼のことがいらなくなる。これを察した照夫は置き手紙を残して去るんですけれど、預金通帳を忘れるんですよ。笠子が通帳の中身を見たら、かなり高額な車の改造代を照夫が払っていたことが分かる。雨の中、預金通帳を取りに照夫が戻ってくると、笠子は彼の誠実さにほだされて結婚しようということになるんです。

ここまでは松竹お得意の人情喜劇で、鈴木はつまらないと思ったとか。

ところが芸能社に戻って結婚式を挙げようと思ったらね。笠子が怒りだすんです。芸能社の〝お父さん〟を森繁久彌が、〝お母さん〟を中村メイコがやっているんですが、その二人に「あんな男だとは思わなかった」という。笠子は自分の貯金５００万円を見せて、これで小さなお店でも開いて暮らそうと言ったんですが、実は照夫には妻も子供もいてね。今は蒸発亭主になっていると。しかも実家に帰れば財産を1億円はもらえる身だと告白したんです。森繁は、照夫は妻子と別れるつもりだし、それだけ大金があるなら問題ないというんですが、中村メイコがね、照夫に「人間は99誠実に本当のことを言ってても、最後の一番大事なところで嘘をついたら終わりだよ」とポツンと言う。この言葉が、僕には響きました。

結局笠子と照夫は別れるんですが、松竹の人情喜劇は観る人を気持ちよくさせて終わるものが多いでしょう。でも森﨑さんは、それに抵抗があったんじゃないですかね。人間にはもっと深いところに喜びがあって、本当はこうなんだというのをここでやろうとした。前半で人情喜劇に見せながら、後半でひっくり返す二重構造が面白かったんです。何でこんな映画が出てきたのか。それは70年安保が終わった時代と関係していると思うんです。みんな虚脱感に襲われて、気分的に情緒的なものに流れがちになっていた。でもこういう時に目を向けるべきなのは、流れに乗って自分が社会の中で一定の地位を与えられて落ち着くことではない。そこからはぐれた人がどうやって生きていったらいいのか。そういうことなんだと、あの映画は僕に教えてくれたんです。でもこの映画は映画館にお客が3人しかいなかったんですけれどね（笑）。

鈴木敏夫が観て衝撃を受けた、森﨑東監督の「喜劇　女は男のふるさとョ」（71年）。彼は映画を観た翌年に就職するまでの間、この作品に精神的に支えられたと言っている。それほど影響された森﨑映画の魅力とは何だったのだろうか？

森﨑さんはどの映画でも庶民の側から描いて、なおかつ地面からものを見る。その強さに僕は憧(あこが)れました。この人は京都大学出身ですが、インテリ臭さが薄いんです。例えば同じ京都大学出身でも大島渚さんは、もっと客観的にものを見ていますよね。

鈴木敏夫 チラシコレクション

鈴木氏が大学生時代に通っていた『渋谷松竹』の番組チラシ。森﨑東監督の「喜劇　女は男のふるさとヨ」と「喜劇　大泥棒」（渡辺祐介監督）の２本立て（1971 年）

東京大学出身の山田洋次さんは、寅さんをこんな面白い奴がいるという風に描く。しかし同じ松竹にいて、森﨑さんはそれが出来ない。監督が主人公に感情移入する映画を作ってしまう。〝女〟シリーズを観ているとね、ここに出てくる女性たちは庶民でもなくて、そこからはじき出されたストリッパーとか、根無し草の人ばかりなんです。彼女たちは自分が生きていくためには何でもやる。そのバイタリティが魅力的なんです。

例えば「喜劇　女は男のふるさとヨ」には、緑魔子（みどりまこ）さんがやったストリッパー・星子のエピソードも出てくる。彼女は受験に失敗して自殺しそうな少年を街角で見つけて、その場で自分の体を与える。そうすれば死ぬのをやめるだろうと思ってやったことなんですが、これをとがめられて警察に捕まるんです。星子を引き取りにいった新宿芸能社の〝お母さん〟中村メイコは、「この子が、何悪いことしたんですか」と警察に怒る。星子は少年に生きる気力を与えたんだから悪くないと。こういう本音でものを言い、行動する女性たちが森﨑さんの映画にはいっぱい出てくるんです。

また同時代の松竹の監督・山田洋次と、肌合いの違いを感じるのが〝女〟シリーズ第2作「喜劇　女生きてます」（71年）である。メインは安田道代（現・大楠（おおくす）道代）演じる新宿芸能社の踊り子・好子で、彼女には刑務所帰りのやくざな亭主・梅本（橋（はし）

本功）がいる。二人は所帯を持つが、梅本が真面目に働かないばかりかやきもち焼きで、好子が夢見た幸せな結婚生活は踏みにじられていく。

好子と梅本は子ども時代に孤児院で兄妹のように育った仲で、大人になって再会して結婚したんです。これって、「男はつらいよ」シリーズの寅さんとさくらが結婚したようなものでしょう。つまり梅本というのはリアル〝寅さん〟なわけですけれど、お調子者で格好をつけるところもあって、それでいてやきもち焼きという、周りから嫌がられる男なんです。そんな梅本に惹かれる好子の話なんですが、周りのみんなは別れてしまえばいいという。好子も一度は〝もう我慢できない〟と別れを切り出すんですが、最後は元の鞘に納まってしまう。プラトニックで観念的な恋愛を続ける寅さんとは違った、本当の男と女はこうでしょうという姿がここにある。それが僕には面白かったんです。

だから森崎さんが作った「男はつらいよ」シリーズの「男はつらいよ　フーテンの寅」（70年）は、逆に全然面白くない。なぜかと言えば観客を気持ちよくさせないで、本当の話をやるからです。山田さんが作る場合は寅さん一人の力によって、たいがいマドンナ絡みの物語が生まれ、そして完結して寅さんが去っていく。ところが森崎さんの描く寅さんは、人の力を借りるんです。寅さんにヒーロー願望のある人にとっては、求めているものが違っていた。

これは森崎さんが60年安保世代だということも関係していると思うんです。60年安保では〝共闘〟ということをみんなが考えていた。人の力を得て、みんなで一つのことを解決するのが基本的な考え方なんです。だからその後も森崎さんは、〝共闘〟する映画を作り続けていきましたよね。

映画って、やっぱりヒーローを描けばヒットするし、リアルにこだわるとヒットしない。そういうこともあるような気がします。

〝女〟シリーズはその後、「喜劇　女売り出します」(72年)、「女生きてます　盛り場渡り鳥」(72年)と連作されていった。

「喜劇　女売り出します」は夏純子（なつじゅんこ）さん演じる女スリの話で、〝笑わせんじゃねえ〟が口癖の彼女のスリ仲間に扮した米倉斉加年（よねくらまさかね）さんが良かったですね。「女生きてます　盛り場渡り鳥」は貧民街に住む、川崎（かわさき）あかねさん扮する、男に触られるとジンマシンが出る女泥棒の話です。僕にはどれも面白かったですが、思えばこのシリーズの女優たちは、第2作の大楠道代さんと第4作の川崎あかねさんは大映の女優ですし、第3作の夏純子さんは日活の女優で、松竹としては力を入れていなかった感じがしますね。

まあ、どんな映画を作っても当たらない時代でしたけれど、森崎さんの映画は添え物扱いだった。それを知りながら森﨑さんは松竹の枠の中で、自分がやりたいことをオブラートに包みながら、時にはそこからはみ出ながら作っていった。その〝女〟シリーズはいまだにDVDにすらなっていませんが、僕は今こそ多くの人に観てほしいです。

70年代初頭、鈴木敏夫に強烈なインパクトを与えた森﨑東監督の〝女〟シリーズ。85年、その流れを汲んだ森﨑監督の映画が登場した。「生きてるうちが花なのよ死んだらそれまでよ党宣言」（以下「党宣言」）が、それである。

「党宣言」は〝女〟シリーズ4本の続きで、僕には嬉しかった。ヒロインは倍賞美津子さん演じる全国を回るストリッパーのバーバラで、これは「喜劇　女は男のふるさとヨ」（71年）に出てくる笠子そのままです。ただこのバーバラは沖縄出身という設定で、彼女と原田芳雄さん演じる恋人の宮里は、70年12月に米国占領下の沖縄で発生したコザ暴動に参加して、沖縄にいられなくなって本土に来た移民なんです。返還前の沖縄から来た彼らには、アジア人のイメージが重ねられている。そこからバーバラはストリッパーとして全国を回り、宮里は各地にある原発で働く〝原発ジプシー〟として暮らしてきた。宮里は今、原発のある町に落ち着いていて、ストリッパーとして年齢的に潮時だと思ったバーバラは、彼と結婚するために帰ってくる。すると彼女が妹のように可愛がっていたアジア人娼婦の足抜け騒ぎが起こって、物語が展開していくんです。この映画には〝沖縄〟、〝原発〟、〝不法移民労働者〟など様々な社会問題が含まれていて、それを森崎さんはバーバラをはじめ社会からはみ出した人たちの視点で描いている。まさに地べたから見た日本が映し出されていました。

なかでも彼はこの映画で、原発の問題に興味を持ったという。

宮里は原発で働き過ぎて体がガタガタになっているんですけれど、僕はこの映画で〝原発ジプシー〟という言葉を覚えました。その頃原発の危険性を叫んでいたのは、作家の広瀬隆さん一人でした。広瀬さんは、そんなに原発が安全なら遠い田舎ではなく東京のど真ん中に発電所を造ればいいじゃないかと『東京に原発を！』という本を81年に書いて注目を集め、この映画の翌年にチェルノブイリ事故が起こると、さらに原発の危険性を訴えた『危険な話』を87年に発表した。僕は当時、一人の人が発言して、それをみんなが共有するのが難しい時代になったと感じていたんです。でも広瀬さんは一人で原発について発言して、それを日本中に広めたんですよ。この映画と広瀬さんに影響を受けたのが僕なんです。原発は不完全で、核のゴミをどうするかも解決されていない怖いシステムだと。

その後広瀬さんは原発からスライドして地球温暖化とか、もっと環境全般に目を向

『キネマ旬報』1971年4月上旬号に掲載された、「喜劇　女は男のふるさとヨ」広告。右ページは当時キネマ旬報社で刊行がスタートした『エイゼンシュテイン全集』の広告

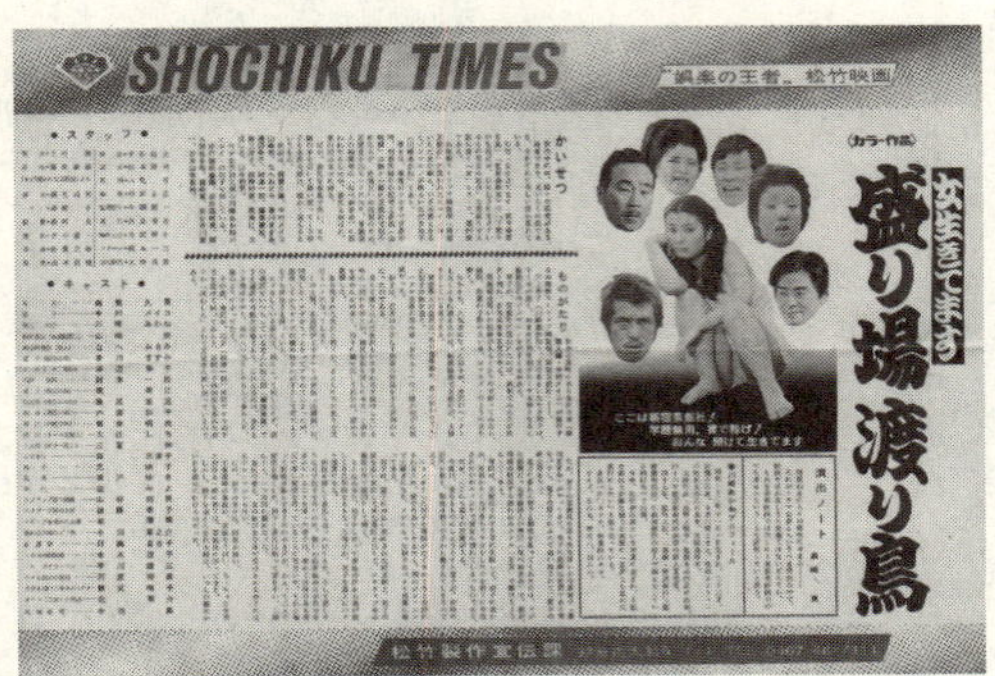

こちらは鈴木氏がコレクションしていた、「女生きてます　盛り場渡り鳥」の宣伝プレスシート（SHOCHIKU TIMES）。「理屈ぬきに人々の感性にせまる――それがドラマ公害ともいうべき情況の中で、映画だけが果しうる命題ではないだろうか」（森崎監督の演出ノート）

けた本を書いて、原発そのものを攻撃する発言は少なくなっていく。すると原発の安全神話が復活していった。でも僕はずっと不信感を覚えていました。それで福島の事故が起こる半年前にね、実は福島の原発の中にジブリの商品を売る店が出ていたんです。僕はその業者を呼んで、〝即刻やめろ〟と言いました。業者は、原発が危険だなんて言う人は、もう誰もいませんよ、と言ってきたけれどやめてもらいました。そうしたら新聞に『現地で働く人はそのお店を楽しみにしていたのに、こういう形で閉じるのはどういうものか』という記事も出ました。その半年後に福島の事故が起きてね。お店の関係者がその直後に僕のところに来て「何で鈴木さんにはわかっていたんですか」って言われましたけれど、すべてはこの映画をきっかけにした広瀬さんの影響なんです。

あるときは社会の闇を、あるときは人間の本当の姿を描いてきた森﨑東。その姿勢は、高畑勲に通じるものを感じるという。

森﨑さんは観る人を気持ちよくさせるのではなく、その気分に水を差すところがあります。これは〝ああ、良かったね〟では終わらない、高畑さんの映画にも通じます。

僕が関わったもので言えば、「火垂るの墓」(88年)には、空襲で大けがをして全身包帯だらけになった清太と節子の母親が出てくる。その体からはうじ虫やシラミが飛び出てくるんですが、そういうものをアニメーションで描くのはどうなのかという批判もありました。でも僕は森﨑さんの映画を観ていたから、その描写を受け入れやすかった。一方の宮さん（宮崎駿）は逆ですね。そういう意味でのリアルにはいかない。高畑さんは小学校４年生の時に岡山で空襲に遭って、彼は独りで逃げ回って、家族と再会したのは数日後だったんです。この体験談を知っている宮さんの意見ですけれど、「その間におにぎり一つでも差し出してくれる人に出会ったら、高畑さんはこんな映画を作らなかった」って。

これを松竹の森﨑さんと山田洋次さんに重ねるとね。そういう人に出会わなかった森﨑さんと、出会っている山田さんという感じが、僕はするんです。人間を本当に信頼できるかどうか。そこが分かれ目だったのかなって。ものを作るときの視点。それは作り手の体験によって違うし、こんな社会や人間の捉え方もあるんだと森﨑さんの映画を観て知ってもらいたいですね。

森崎　東監督

ATG配給

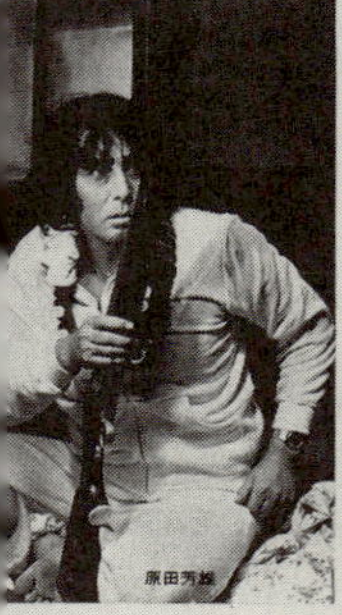

原田芳雄

演

倍賞美津子

田芳雄　平田満

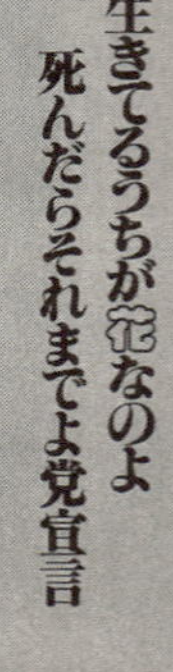

生きてるうちが花なのよ死んだらそれまでよ党宣言

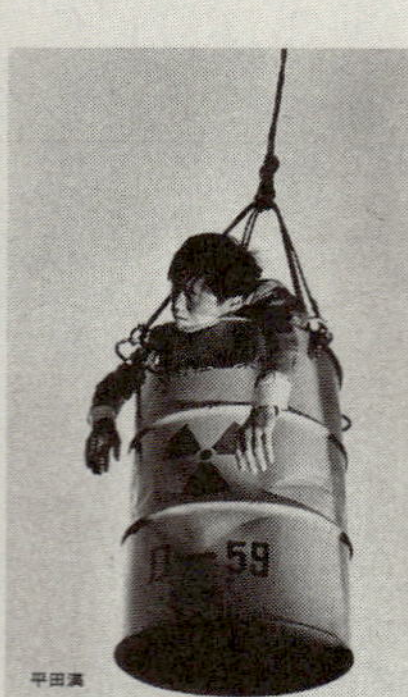

平田満

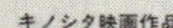

脚本　森崎　東
近藤昭二　大原清

「喜劇・女は度胸」などの一連の〈女シリーズ〉や「時代屋の女房」で知られる森崎東監督が長年に渡り映画化を熱望していた「生きてるうちが花なのよ死んだらそれまでよ党宣言」がいよいよ公開されることになった。ドサ回りのストリッパーを中心に、不良中学生と教師、原発ジプシー、フィリピンからの出稼ぎ娼婦、ヤクザ、悪徳刑事といった様様な人間たちの生きる姿を、ユーモアとペーソスを混えてスリリングに描いた異色作だ。強くたくましく生きるストリッパー、バーバラに倍賞美津子が扮する他、原田芳雄、平田満、梅宮辰夫などが共演。森崎監督と近藤昭二、大原清秀の共同脚本。音楽は宇崎竜童、スチールは竹内健二。今号の特集記事を参照下さい。

『キネマ旬報』1985年5月上旬号に掲載された「生きてるうちが花なのよ死んだらそれまでよ党宣言」3ページに及ぶグラビア。作品特集も同号で16ページにわたる大特集が組まれている

第六部　東宝青春映画

1967年、学生2500人が警官隊と衝突した10月8日の羽田闘争から69年にかけて、「ベトナム戦争反対」を中心にした学生運動は過激さを増していった。67年に慶應義塾大学へ入学した鈴木敏夫は、その熱い時代とともに学生生活を送った。心騒ぐ日々の中、彼の気持ちを捉えた映画。そのひとつに東宝の青春映画群があった……。

まず日本の青春映画前史を言うと、戦後の青春映画は東宝の今井正監督作「青い山脈」(49年)に始まるんです。僕は石坂洋次郎さんが書いた原作を中学生の時に読みましたが、その中で男の先生が女性に恋の告白をする時、「僕はあなたのことを一生大事にする。そして将来、妾の一人や二人持てるような男になってみせます」というようなセリフがあるんです。それで女性は先生の頬をパチーンと張るわけです。この原作は47年に書かれていますが、戦中までは妾を何人か持つほどの甲斐性があるというのが男の理想だった。それを女性が頬を張ることで否定して、戦後の扉をこじ開けたのがこの作品なんです。映画は大ヒットし、戦後の青春を描いた石坂洋次郎の小説は50年代後半から60年代にかけて日活で、石原裕次郎や吉永小百合主演で次々に映画化されました。その頃は青春映画と言えば日活の石坂洋次郎ものというイメージが強かった。一方では東宝に加山雄三さんの「若大将」シリーズがあって、すごく極端な言い方をすれば日活はブルーカラーの子どもたち、東宝はいい家の子どもたちの青春を描いていたんです。中学から高校にかけて、僕はそのどちらの青春映画も観ていました。

その青春映画が変化したと感じたのが、高校3年生の時に観た内藤洋子主演の「あこがれ」（66年、恩地日出夫監督）だったという。

日本は64年の東京五輪まで、高度経済成長に浮かれていたんです。「若大将」シリーズにも、あの時代でないと作れない馬鹿馬鹿しい面白さがある。でもオリンピックの後には、どこの国でも不況になるんです。「あこがれ」はそんな時代に登場したのですが、これは子どもの頃に同じ養護施設で育った内藤洋子と田村亮が大人になって再会し、恋に落ちるけれども、田村亮はせともの屋の若旦那になっていて、飲んだくれの父親を持つ内藤洋子は彼のことを思って身を引こうとするという話なんです。

その話もさることながら、僕は今回観直して、当時気が付かなかったことでビックリしたことがありました。田村亮の実母を乙羽信子さんが演じているんですが、彼女は再婚するために子どもを養護施設に預けたんですね。そして自分は再婚して北海道の開拓民になり、それが冷害でダメになったので夫とブラジルへ移民しようとしている。向こうへ行く前に息子と会いたいと思って養護施設を訪ねるんです。ラストは移民船に母親を見送りに来る田村亮、そこへ駆けつける内藤洋子ということになるんだけれど、66年にまだ日本人がブラジルに移民していたという事実。今では向こうから日本に移住してくる人が多いですけれど、当時は日本人が夢とか希望を求めてブラジルへ旅立っていった。

確かに戦前にはそういう話は聞いたけれど、それがまだ続いていたことに驚きました。「あこがれ」はTV『木下恵介劇場』の『記念樹』という作品を基に作られているのですが、脚本は木下監督のお弟子さんだった山田太一(やまだたいち)さんなんです。だから移民などの社会問題が入っている。そこにそれまでの青春映画とは違った感じを受けました。またこれを作った恩地日出夫監督の演出にも、新鮮な印象がありましたね。

主演の内藤洋子はこの映画の前年、黒澤明監督の「赤ひげ」(65年)で鮮烈なデビューを飾り、一躍青春スターとして注目を浴びた。

「赤ひげ」の内藤さんが印象に残ったのは確かですよ。66年1月に放送が始まったTV『氷点』のヒロイン役でその人気は決定的になるんですが、僕は同じ「氷点」でも3月に公開された大映の映画版の方が好きだった。何せこちらはヒロインが、僕の大好きな安田道代（現・大楠道代）さんだったものですから（笑）。だからそれほど内藤洋子に熱を上げていたわけではなかったけれど、続いて彼女が恩地監督と組んだ「伊豆の踊子」（67年）は良かったです。彼女が、というよりも、作品が面白いんです。それまでの「伊豆の踊子」とは違って、団令子さんが扮した売春をする酌婦とか、踊り子の身分の卑しさをきちんと描いて、単なる純愛ものにしていないんですね。これは脚本の井手俊郎さんの力も大きい。井手さんはこの頃「続　何処へ」（67年、森谷司郎監督）、「颱風とざくろ」（67年、須川栄三監督）、「兄貴の恋人」（68年、森谷司郎監督）、そして「赤頭巾ちゃん気をつけて」（70年、森谷司郎監督）などの脚本も書いている。また「伊豆の踊子」では、お雪という酌婦を演じた酒井和歌子も印象的でした。

その彼女と恩地監督が組んだのが、東宝青春映画の傑作「めぐりあい」（68年）で、これを観て僕は衝撃を受けました。

1968年、1月には佐世保で米軍の空母エンタープライズ寄港阻止闘争が起こり、3月には成田空港建設反対の三里塚闘争で一般、報道陣を含む約500人の負傷者が出るなど、学生運動はこの年ピークを迎える。その最中、恩地日出夫監督、黒沢年男（現・黒沢年雄）と酒井和歌子主演の青春映画「めぐりあい」が3月27日に公開された。

僕の中で東宝青春映画ベスト3を挙げろと言われれば、「めぐりあい」と「赤頭巾ちゃん気をつけて」（70年）は文句なしで、後は「兄貴の恋人」（68年）を入れようかということになります。それ以前から酒井和歌子さんが好きだったんです。彼女は「これが青春だ！」（66年）を始めとする学園青春映画で生徒役を演じて、印象的でした。それで忘れもしない67年の4月。慶應義塾大学に入学した僕は、初めてのガイダンスのときにとても可愛い子が隣に座って、声をかけたんですよ。〝君、名前は？〟と聞いたら、〝酒井〟と言うので〝和歌子？〟と僕が言ったら、〝和歌乃〟と応えました。一文字違いだったんです。結局彼女とは新宿御苑で一度だけデートしました。そんな思い出もあるもんですから、酒井和歌子には特別の想いがあるんです。当時東宝の青春スターは『君は内藤洋子派か、酒井和歌子派か』と言われるくらい二人に人気が集中していましたが、実情は内藤洋子の方が人気があった。でも僕は断然酒井和歌子派でした。

ただ「めぐりあい」の魅力は、酒井和歌子だけではない。

この映画は工場の街・川崎を舞台に、自動車工場で働く黒沢年男と部品を売っている店に勤める酒井和歌子が惹かれあう。でも黒沢の家はお父さんがリストラされそうで、弟の進学が危うい。酒井の方ではお母さんが再婚しようとするけれど、彼女が認めない。互いに家庭の事情を抱えているんですけれど、その問題にはリアルな時代性

『キネマ旬報』1966年10月上旬号に掲載された「あこがれ」の新作紹介グラビア。「新珠三千代・内藤洋子の〈氷点〉コンビが、新しい魅力で登場する青春讃歌」とある

『キネマ旬報』1967年1月上旬新年特別号のグラビア「'67の女優」より。「日本映画が久しぶりに生んだ、清純で無垢な若い個性」と紹介される。左ページの岩下志麻はじめ、1967年の女優として内藤洋子以外に掲載されたのは佐久間良子、吉永小百合、司葉子、若尾文子

があったんです。それまでの東宝では、「若大将」シリーズでも夢の学園生活を描いていて、時代性とか、若者が直面しているリアルな問題は取り入れられていなかった。それが何故ここで、時代性を含んだ青春映画が登場したかというと、これは脚本の力が大きいと思うんです。

脚本は日活で蔵原惟繕監督と「憎いあンちくしょう」（62年）、「何か面白いことないか」（63年）、「夜明けのうた」（65年）と浅丘ルリ子さんを主演に、もがきながら現状を打破しようとするヒロインの青春を描いた〝典子3部作〟を手掛けてきた山田信夫。「めぐりあい」でも酒井和歌子の役名は典子で、日活映画の延長線上にある作品なんです。その青春のもがきをここではさらにエスカレートさせて、よりリアルに映し出している。

なぜ僕がそう感じるかと言えば、67年の夏休み。僕が初めてアルバイトしたのが川崎の工場だったんです。そこで知り合いになった平山君という工員さんがね。いつまでもここで働いていても未来がないと言って、彼が目指していたのがプロ野球の入団テストだったんですよ。当時は毎年秋に各プロ球団が入団テストをやって、そこで受かった人はプロ選手になれた。僕は〝頑張れよ〟って励ましたけれど結局彼は受からなかったんです。でも、自分の今の境遇から抜け出すためにはそういうところへ行かななきゃいけないんだと頑張っている彼のことは、印象に残りました。だからこの映画に出てくる工員さんたちの心情は凄く身近なものに感じられたし、時代の気分としてもピッタリだったんです。

つまり「めぐりあい」と出会うまでに、鈴木敏夫の中でこの映画の出演者、題材とリンクする経験や想いが熟成されていたのだ。

僕自身の状況を言いますとね。大学に入った67年の春頃は、まだのんびりしたものでした。僕は慶應義塾大学文学部で日吉校舎に通っていたんですが、ここでは1年生だけで自治会を作るんです。僕も自治会に入っていましたが、最初の問題は『学食値上げ反対闘争』ですからね（笑）。学食のカレーライスが45円から60円になるというので、みんなが真剣に話し合っていた。そのころはまだそんなものでしたが、10月になって佐藤栄作首相が南ベトナムを訪問することに反対した〝羽田闘争〟が起こる。ここから学生運動は騒然としてくるんです。

そんな時に「めぐりあい」が公開された。大学生たちが政治的なことに目を向けて反対闘争をしているときに、社会の末端で働く若者たちは何を感じていたのか。そのことをこの作品は真摯に描いていました。でも日々を懸命に生きる主人公たちの姿は、今の人にもわかると思うんです。実際、若い人たちに「めぐりあい」を観せると誰もがいい映画だと言いますからね。「あこがれ」や「めぐりあい」を観たことで、僕は恩地監督の作品を追いかけるんです。東宝青春映画の監督では森谷司郎監督も好きでした。その最高傑作が、「赤頭巾ちゃん気をつけて」。これこそ、僕自身の気分とリンクした青春映画でした。

60年代後半の学生運動は、69年1月の東大安田講堂への機動隊突入により、大量の学生が逮捕された闘争で一つの終わりを迎える。熱に浮かされたような嵐の時代が去ってから一年余り後。庄司薫の芥川賞受賞作を森谷司郎監督が映像化した、一本の映画が公開された。それが「赤頭巾ちゃん気をつけて」(70年)である。

この映画は東大の入試中止が発表されたある冬の1日を、薫君という主人公の目を通して描いたものです。何と言ってもテーマが凄かった。世の中が学生運動を中心に騒然としている時に、日本の若者たちはどう生きていったらいいのかを、真正面から描いているんです。そんな映画は、これまでなかったですから新鮮でした。また僕の心情とも見事にリンクしていたんです。

僕は慶應義塾大学の自治会で文学部社会学科の委員長をやっていたんです。自治会で扱っていたテーマは〝反米〟でした。医学部が米軍の資金をもらって研究にいそしんでいた。それは学問の府たる大学でやっていいことなのかと、『米軍資金反対闘

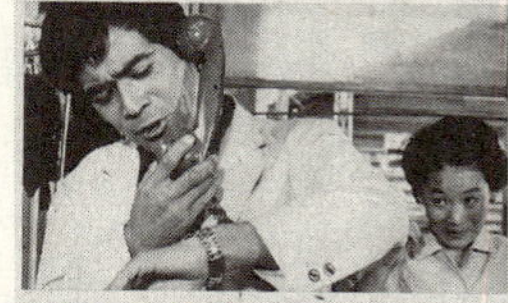

先に「あこがれ」「伊豆の踊子」を発表し、青春のみずみずしさを、見事にスクリーンに謳いあげた恩地日出夫が、ふたたび若者の愛を描いた。工業都市川崎を舞台に、現代の都会に置かれた、若い男女の純愛をみつめていく作品である。出演は、目下売れっ子の黒沢年男と、東宝期待の新人酒井和歌子のフレッシュ・コンビに、田村亮、進千賀子の若手、森光子、有島一郎のベテランが脇をかためている。

『キネマ旬報』1967年11月下旬号に掲載された「めぐりあい」の新作紹介グラビア。当時売れっ子だった黒沢年男と新人の酒井和歌子が若いカップルを演じた。共演は田村亮、進千賀子、森光子、有島一郎ら

争』を展開していたんです。そんな最中、いろんなクラスがストライキに入って学園全体が大学闘争という状態になっていく。他の大学とも連携して、僕も安田講堂へ行ったりしたんです。それがある時から、僕は自治会から身を引くんですよ。そのことを自分でも忘れていたんだけれど、20年ほど経ってから慶應義塾大学の学生から電話がかかってきたんです。「鈴木さん、あなたの代で社会学の自治会が無くなっているけれど、一体何があったのか聞きたい」と。正直に言いますけれど、僕はどうやって自分が自治会の委員長になったのか、そしてなぜ自治会を辞めたのか。その記憶が完全に飛んでいるんです。言ってみれば、それくらい熱に浮かされた日々を送っていたんでしょうね。

そんなこともあって、自治会をやっていた最後の方で「赤頭巾ちゃん気をつけて」の原作と出会った時、主人公・薫君の気持ちがよく分かったんです。原作が一挙掲載された『文藝春秋』を買ったし、単行本になるとまた買って読み直しました。それから約一年後に公開された映画を観て、これは僕らの意見を代表してくれている作品だと思いましたね。

「赤頭巾ちゃん気をつけて」には安田講堂の闘争など、当時の学生運動の映像も挿入され、まさに鈴木敏夫は自分の学生生活がその中に織り込まれているように感じた。

『キネマ旬報』1968年1月上旬新年特別号に掲載された広告より。「1968年に東宝が放つ豪華大作群」のラインナップ紹介とともに、当時の二大青春スター、酒井和歌子と内藤洋子のツーショットが並んでいる

66年の「あこがれ」で社会問題を扱うようになった東宝の青春映画が、この作品では安田講堂の闘争の内情も含めて明らかにしていって、まるでドキュメンタリーのような感じになった。また主演が今の東映の会長の岡田裕介さんと森和代さん。この二人は素人だったのが、オーディションで選ばれたんですけれど、普通の俳優にはない新鮮な魅力を持っていました。森和代さんはルックス的にも凄くカッコいい女の子で、出身が僕と同じ愛知県だったこともあって大好きだったんです。ポスターのデザインも洗練されていて、このポスターを後に手に入れました。

自治会から身を引いた後に観た映画版の「赤頭巾ちゃん気をつけて」は鈴木敏夫にとって、学生運動の渦中にいた頃の自分へ別れを告げる、青春を刻印した一本だったに違いない。それから2年後、同じく庄司薫による続篇小説『白鳥の歌なんか聞えない』が、やはり岡田裕介主演で映画化された。

相手役は森和代さんから本田みちこさんに代わっていましたがね。監督は前作の森谷司郎から渡辺邦彦にバトンタッチされて、あまり評判にはならなかった。僕はもう社会人になっていましたが、実は結構好きな作品でした。今回改めて観て、いい映画だなと再認識したんです。ここでは若者の傍にも死は転がっているということを描いている。東大入試を先送りした薫君と、名門女子大生になったヒロインのその後が映し出されるんですが、ヒロインの様子が最近おかしい。彼女は先輩の祖父に感化されたんです。その祖父というのが家に原書の本が沢山あって、音楽や絵画にも通じている〝知の巨人〟みたいな人なんです。薫君は一度、その祖父に〝会っていかない〟と言われるんだけれど〝またにする〟と言って会わずにいると、祖父が死んでしまう。でもその存在はヒロインだけでなく、薫君にも影響を与えるんですね。この祖父が一度も映画の中に登場しないいんだけれど、亡くなった後にアルバムを開くと、彼の若い写真が残っている。この余韻がいいんです。

実は今度宮さん（宮崎駿）が作っている映画で年寄りを描きたいと言ってきたから「登場させないという手もありますよ」と僕は言ったんですが、それはこの映画を観た影響もあるんです。本人が出ない方がイメージが膨らんで、印象が強くなりますからね。そういうことも考えると、庄司薫さんとその映画化作品は、今も僕の中では過去のものではないんですよ。

赤頭巾ちゃん気をつけて

品といっていいだろう。

いずみ・たく作曲、岩谷時子作詞、佐良直美歌の、主題歌が入っている。カラー・ワイド版の撮影は、ベテランの中井朝一。出来上りが、楽しみである。

羽仁進監督の「恋の大冒険」は、オールスタッフ・プロ＝テアトル・プロ製作のスラップスティック調のミュージカル・コメディ。羽仁進・山田宏一・渡辺武信がオリジナル・シナリオを書き、音楽はいずみ・たく、作詞を岩谷時子・和田誠・藤田敏雄が担当している。

出演するのはピンキーとキラーズ、由紀さおり、前田武彦、土居まさる、左卜全、藤村有弘、佐良直美などのテレビでおなじみの人気ものたちと、東宝の新スター大矢茂。オール・ロケーションで、羽仁進ペースの撮影が進行しており、これも異色な日本映画になりそうだ。

ヒロインのピンキー、今陽子は、地方から集団就職で上京してきた女の子。彼女が、前田武彦が社長をつとめるラーメン工場に職を得たことから、東京のおかしなおかしなエネルギーの混乱の中で、奇想天外な大ドタバタ・ミュージカルが開幕する。

ヒーローの大矢茂が動物園に勤めていて、動物たちがこのミュージカルで重要な役を演じる。

さらにそのあとには、堀川弘通監督の大作「軍閥」がひかえている。パナビジョン方式七〇ミリで、二・二六事件から太平洋戦争までの日本を描こうという壮大な構想の作品で

森谷監督と森和代

銀座ロケでの森谷監督と岡田裕介

司郎監督、薫の岡田裕介、由美の森和代

森和代と岡田裕介

のジャーナリストの動きで　小林桂樹の演じる東條英機と、加山雄三の新聞記者が、対立関係を背負った人物として登場する。
　ほかに三船敏郎の扮する山本五十六や、神山繁の近衛文麿、山村聡の米内光政をはじめ松本幸四郎、加東大介、三橋達也などが顔をみせる。東宝としては「日本のいちばん長い日」に続く、「激動の昭和史」を描く大

『キネマ旬報』1970年6月上旬号の表紙を飾った「赤頭巾ちゃん気をつけて」。中面では、『東宝の話題作！』として、いくつかの作品とともに撮影現場ルポがグラビア特集されている。ちなみに、クランク・インは、黒澤明監督「どですかでん」（70年）と同時期だった

第七部　川島雄三

1944年から63年まで、松竹、日活、大映、東宝と各映画会社を渡り歩き、その生涯に51本の映画を遺した川島雄三監督。川島監督が亡くなった時、中学生だった鈴木敏夫は、その作品群を大学生時代に名画座などで観て、大好きになったという。今回は遅れてきたファンの目から見た川島映画の魅力を、存分に語ってもらった。

大学へ行く前、リアルタイムに観た川島映画で印象に残っているのが「箱根山」（62年）なんです。僕は原作者の獅子文六が中学生のときに大好きで、その興味もあって観たんです。お話は劇中では名前を変えてありますけれど西武と東急、藤田観光も絡んで三つ巴の争いが繰り広げられていた箱根開発の最中、互いの仲が悪くなって150年という芦之湯にある二つの老舗旅館を舞台に、星由里子演じる一方の旅館の娘・明日子と、加山雄三扮するもう一つの旅館の若番頭・乙夫という「若大将」シリーズのコンビが、『ロミオとジュリエット』のようにどうやって愛を成就させるかというものなんです。これは実話を基にしていましてね。原作では最後に二人が朝日ヶ丘に登って、10年後に結婚しようと誓うところで終わるんです。実話の方はその後、僕が大学生時代に、モデルになった二人が結婚したことが新聞に掲載されました。同じ原作は翌63年の1月からTVドラマにもなって、こちらは勝呂誉と島かおりが主人公のカップルを演じて、このドラマも僕は好きで観ていました。

中学時代は青春ラブストーリーとしてこの作品を観たと思うんですけれど、今回観直してビックリしたんです。乙夫がいる旅館は、東山千栄子演じる89歳の老婆が主人で、相手の旅館に勝つために温泉のボーリングをしているんです。ところがその旅館は途中で火事で半焼してしまい、東山千栄子はショックで寝込む。それでさっき言った若いカップルの将来の誓いがあって、これで映画は終わりかなと思うでしょう。ところがその後に温泉が出て、寝込んでいた東山千栄子が元気になって起きちゃう。それで彼女が「私はあと10年、この旅館をやる」と宣言するところで映画は終わるんです。

純粋なラブストーリーかと思ったら、川島監督は最後に89歳の老婆がもう10年生きるという方に力点を置いて完結させた。つまり人間は、ほんのちょっとしたことで逞しく元気に生きていけるということが、川島監督の言いたいことだったんですね。四の五の言わずに生きていく人間の強さ。それを描くところに川島映画の面白さがあるんですよ。

そういう川島映画の本質を中学時代に見ぬいてはいなかったが、やがて東京に出て大学に通い出した鈴木敏夫は、川島雄三に惹かれてその作品をよく観ていた。

渋谷の道玄坂を上っていったところに名画座があって、そこで川島の映画を結構観ました。世評が高い「幕末太陽傳」（57年）はそれほど面白いと思わなかったですけれど、「洲崎パラダイス　赤信号」（56年）は好きでした。散々付き合ってきて、もはやうんざりしている三橋達也と新珠三千代のカップルが、橋を渡ると遊郭街がある洲崎橋のたもとにやってくる。金が全くない二人は、橋の所にあるおでん屋の女将に拾われて、女はこの店で働き、男は蕎麦屋の店員の口を女将に世話してもらう。それで新珠三千代はお客の河津清三郎の囲い者になり、三橋達也は蕎麦屋で働く清純な芦川いづみといい仲になるんだけれど、二人が別の人生を送るのかと思ったら、最後はそこでの人間関係を捨てて、また冒頭と同じように二人で街を去っていくんです。

この映画を観て、それまで何の魅力も感じなかった新珠三千代という女優が凄いと思ったし、川島雄三は凄い監督だと思いました。新珠さんのヒロインは、愛とか恋とかで動いているわけではないんですね。冒頭で金が無くなって、三橋達也に「男のくせに、どこか行くところの一つや二つないの」っていうんですけれど、彼女はとにかく生きていくために動いていくんです。対して優柔不断な三橋達也は働き口も恋の相手も、流されるままにふらふらしていく男で、これがまたいいんですけれど。女の持つ生きることの逞しさ。対して男の持つ弱さ。そのどちらにも温かい目を向けている。当時僕らは学生運動をしていましたけれど、その運動にどこかで嘘を感じていたんですね。でも川島監督が描く人間には嘘が無かった。彼は人の持つ逞しさも弱さも映し出すでしょう。間違っても一人のスーパーヒーローがすべてを解決するなんてことはやらない。ヒーローって、自分がやっていることは正しいと思っている。でも時として、その人は弱者に対して酷いこともしているんです。学生運動をしているとね、自分は正しいと言っている奴なんか、ろくなものではないと感じるんです。そんな時に、川島の映画の中に嘘のない人間を見つけたんです。

大学時代、川島雄三の映画の中に〝嘘のない人間〟を見つけた鈴木敏夫。その彼が特に忘れられない川島作品に「女は二度生まれる」（61年）、「雁の寺」（62年）、「しとやかな獣」（62年）と続いた、いずれも若尾文子主演による大映で作った3部作がある。

中でも「女は二度生まれる」が大好きなんです。30代くらいまで自分に元気がないときにこの映画を観返して、観ると元気になってくるという、僕には大切な一本です。原作は富田常雄の『小えん日記』で、『姿三四郎』の作者がこんなものも書くのかと思いました。

主人公は東京・九段の辺りで、金次第で誰とでも肉体関係を結ぶ〝みずてん芸者〟の小えん。彼女は自分が生きていくために、男を取り換えていくんです。山村聰扮する物わかりのいい中年のパトロンとか、フランキー堺の寿司職人が彼女の相手で出てくるんですけれど、印象的なのが藤巻潤演じる大学生。この学生と小えんは何度も出会って、もしかしたら二人の間には恋心があるんじゃないかと思わせる。ところが学校を卒業して会社に勤めた藤巻潤は、ある日外国人のお客さんを連れて小えんの前に現れ、今夜その客の相手をしてくれというんです。前半での二人を、ここで平気で川島雄三はひっくり返す。でもそれが人間だと彼は言っているわけですよ。そこが凄い。またこの映画は舞台が九段ということもあって、靖国神社が近いですからね。天皇制批判も含まれていて印象的でした。

「雁の寺」は水上勉が原作で、ヒロインの里子はパトロンだった日本画の重鎮が亡くなって、その友人である坊主の慈海の世話になる。慈海の寺には弟子の慈念がいて、彼は里子のことを思うようになるんです。それで慈念は慈海を殺すんですけれど、彼が慈海を殺したと分かった時の里子のセリフがいい。「私（これから）どうしていったらいいの」と彼女は言うわけです。里子は師匠に辛くあたられている慈念に体を与

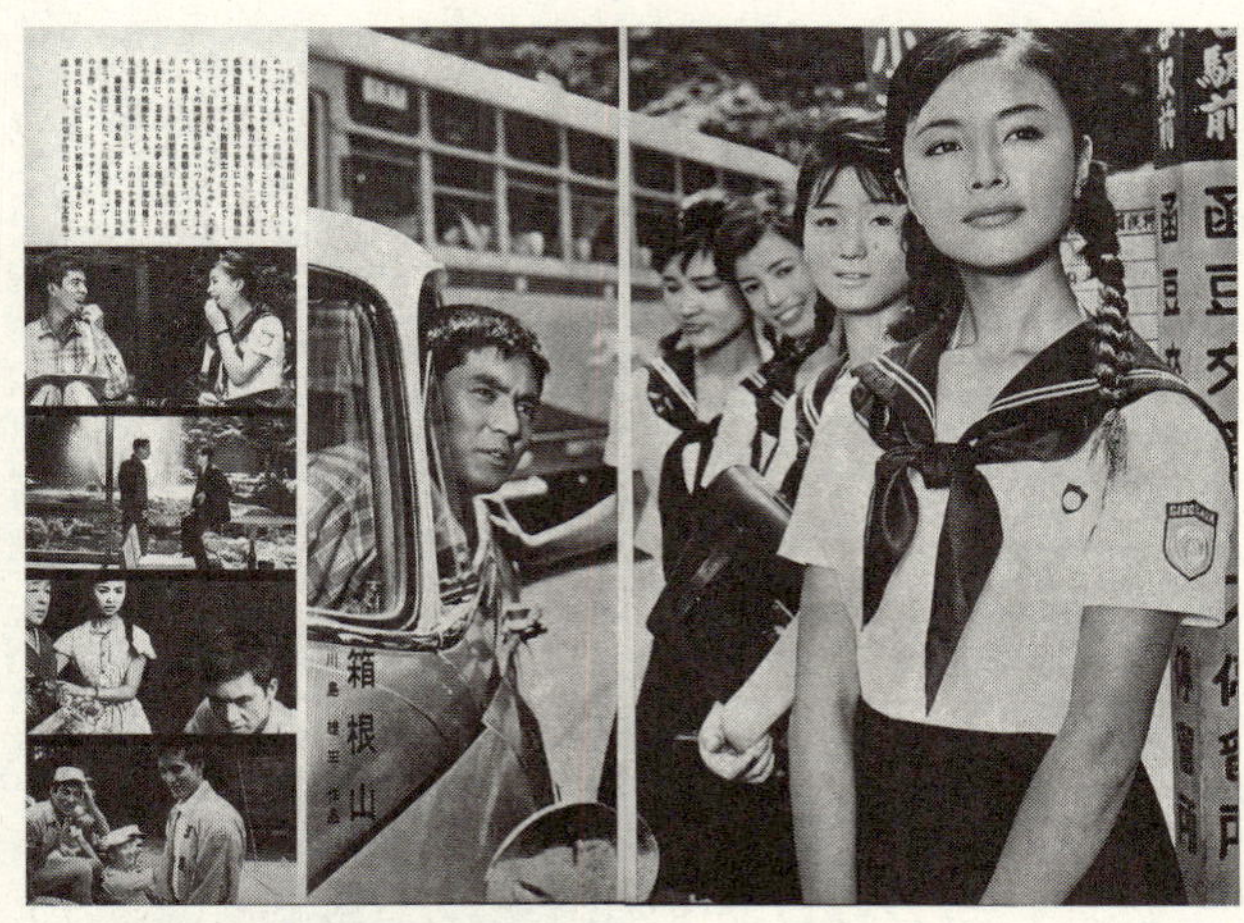

『キネマ旬報』1962年9月下旬号に掲載された「箱根山」の紹介グラビア。獅子文六の原作は、「自由学校」（51年）、「大番」（57年）など、当時たくさん映画化され人気を集めていた

『キネマ旬報』1956年8月上旬号に掲載された「洲崎パラダイス　赤信号」（56年）の広告より。「どうしようもない人生がここにある!!」という惹句が素晴らしい

えたこともあったけれど、それは恋ではなくてある瞬間の同情なんです。彼女にとって慈海は、生きていくために必要な人だった。常に里子は自分が生きることに目を向けているんですね。

自分の店を持つために平気で男たちを騙す会社の秘書を演じた「しとやかな獣」もそうですけれど、川島作品に出てくる若尾文子のヒロインは、どれも生きることの逞しさを持っている。

また僕は昔から若尾さんが好きだったんです。高校生の頃、勉強に行くと嘘をついてよく名古屋の名画座へ行って、彼女の映画を随分観ました。僕らの世代にとって若尾文子は、18歳未満禁止じゃない映画に出ているのに、エッチな感じがする女優だったんです。でもね、映画を観るとどれも文学の香りが高くて、決してエッチなだけの作品ではない。増村保造監督の「妻は告白する」(61年)なんて、ドキドキしながら観ましたから。そんな彼女の魅力が、川島監督の3本には詰まっていますね。

また女性の人生観だけではなく、川島監督の結婚観にも共鳴する部分があった。

山崎豊子原作、森繁久彌主演の「暖簾」(58年)という映画がありますが、これは大阪の昆布屋の主人に拾われた少年が、まじめに働いて、成長した彼は先輩を追い越して暖簾分けをさせてもらえることになる。それで主人から〝お前の女房は決めてある〟と、姪の山田五十鈴を押し付けられそうになるんです。

ところが彼は昔から店で一緒に働いてきた乙羽信子と相思相愛。それで結婚話を断ったら、主人の奥さんが「許しまへんで。何のために暖簾分けさしたると思うてんねん」と言うんです。そのやり取りを障子の陰で聴いていた乙羽信子は、主人公の森繁と一緒に祭りに行って、「あの御料さんと一緒になった方がいい。それがあんたのためや」と言って身を引くんですよ。彼は山田五十鈴と結婚することになるんですが、この女性が結婚初夜から昆布屋の仕事を徹夜で教えてくれというくらい、気が強くて打算的なわけです。最初は本当に嫌な女。それが何十年も連れ添っていく内に、本当にいい夫婦になっていくんですよ。

年月が流れて彼らの息子役を森繁が二役でやっているんですが、お父さんの方の森繁が乙羽信子と再会して、今は裕福な生活をしている彼女の娘を気に入る。山田五十鈴も気に入って、息子の嫁にと思うんだけれど、その娘さんに他の縁談が決まってしまう。山田五十鈴は息子に「残念だったね」と言うと、彼はもう自分の嫁を決めていてね。返す言葉がいい。「女房にする女は、別嬪かどうかじゃない。丈夫で働き者で、ちゃんと子供を生んでくれる人がいいんだ」って。

女性の見た目って出会った瞬間は大事かもしれないけれど、結婚はその後どう生きていくのかが大事なわけでしょう。川島監督はそっちに目を向けている。この映画なんか、今の若い人や結婚に行き遅れた男たちにぜひ観てもらいたい（笑）。結婚とは何かの真実がここにはあると思います。

川島雄三監督は亡くなる直前の63年、過去の作品を振り返った「自作を語る」を『キネマ旬報』誌上に発表している。このコメント集は没後、彼の弟子である今村昌平が編集した本『サヨナラだけが人生だ・映画監督川島雄三の一生』にも収録された。鈴木敏夫はその本を大学時代に買い、川島映画の手引書としてボロボロになるまで読み込んだ。

その本の中で〝結果的によくない〟と川島監督が言っているのが、山本有三原作の「眞実一路」（54年）ですけれど、僕はこの映画を最近観直して無茶苦茶面白かったんです。今、宮崎駿と「君たちはどう生きるか」という映画を作っていて、内容的に少し関係あると思って観直したんです。少年がどう生きていくかの話ですからね。

主人公の少年は生まれてからずっと、母親は死んだと聞かされてきた。でも実は生きていて、これを淡島千景が演じているんです。彼女は自称・発明家の須賀不二男と今は暮らしていて、最初は10年も会っていない息子に特別な想いはないという。ところが少年と出くわして、母親としての本能が目覚めるんですね。母子はお互い名乗り

『キネマ旬報』1961年8月上旬号に掲載された「女は二度生まれる」の紹介グラビア。川島雄三監督にとって、大映で初めてメガホンをとった作品。「幕末太陽傳」（57年）以来、川島作品の常連だったフランキー堺と若尾文子の初顔合わせも話題となった

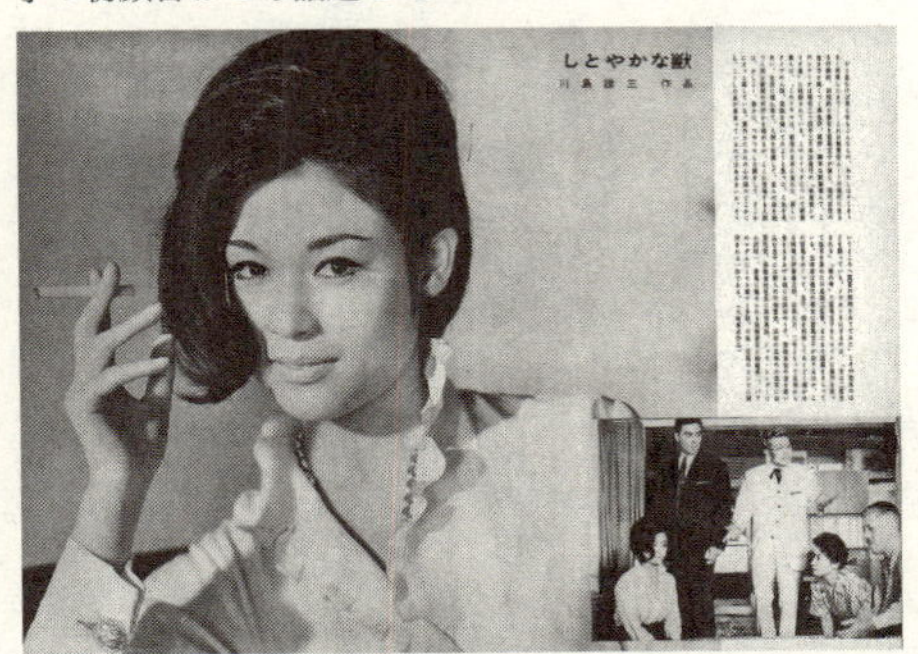

『キネマ旬報』1963年1月上旬号に掲載された「しとやかな獣」の紹介グラビア。若尾文子が知性的な悪女を演じた野心作。興行的には苦戦し、川島監督は後に「自分の仕事だからいうんじゃないが、これが売れると日本映画もいいな、と思った」と語っている

あえなくて、少年は彼女を〝おばさん〟と呼ぶ。それで淡島千景は少年の家で一緒に暮らし始めるんです。少年のおじさん役で多々良純が出ているんですが、彼が「君ももう、お母さんが恋しいだろう。実はおばさんと呼んでいる人が、本当のお母さんなんだ。名乗りあおうよ」と言うんですが、少年は複雑な気持ちになる。そしてある大事な局面で、彼は〝おばさん〟としか呼べなかった。それを苦にした淡島千景は家を出て、須賀不二男の所へ戻っていくんです。

この須賀不二男が本当にダメ男で、行き詰まって自害してしまうんですね。彼は自害することで、淡島千景に息子の元へ戻るという選択肢を突きつけたわけですよ。ところが彼女は、須賀不二男の後を追うという道を選ぶ。これが衝撃的でした。普通だったら彼女が息子の所へ戻って、少年が〝お母さん〟と呼ぶ日がやってくると思うでしょう。そんなシーンはないんです。

そしてラストは、小学校の運動会。少年は5年生でかけっこが速い。でも一緒に走るのは6年生で、普通ならかないっこない。だから仲間たちは「最初からこの勝負は捨てろ」と言うわけです。でもレースになったら、途中で本来持っている力がみなぎって、少年は6年生を打ち負かすんです。ここでエンドマーク。

要するに川島監督は、この少年は自分の力でこれから生きていくよと言っている。

それが彼の真実一路の生き方。そして男の後を追って死んだ淡島千景もまた、自分にとっての真実一路の生き方を全うしたんじゃないかということを、監督はお客さんに突きつけている。その描き方にビックリしました。だから「自作を語る」のコメントを鵜呑みにしてはいけないですね。川島映画は観る度に発見があるし、何歳になって観ても面白い。

よほど川島雄三が好きだったのだろう。鈴木敏夫は徳間書店に入社した72年、川島の故郷・青森県むつ市へ旅行にも出かけた。

入社して間もなく、盲腸をこじらせて2カ月入院したんです。退院してすぐには職場に復帰しないで、東北へ旅行に行きました。川島監督がどんな風土で育ったのか、触れてみたかったんです。帰りには宮沢賢治の暮らした花巻や遠野を回って帰ってきました。

虜になってから半世紀近く、彼の心を捉える川島映画の魅力とは何なのだろうか？

川島監督の助監督だったのが、今村昌平と浦山桐郎ですよね。でも川島と今村は、扱う題材は似ているけれど視点が違うんです。今村昌平は、人間が生きるとはこういうことだというのを観念的に描いた。代表作の「神々の深き欲望」（68年）は、現代人が無くした前近代の人たちの在り様を、インテリの映画として描いていますよね。

眞実一路

川島雄三監督

いうまでもなく、かって（昭和十二年）日活で田坂具隆監督により映画化されたことのある山本有三の小説の再映画化である。原作は昭和十年から翌年にかけて"主婦の友"に連載された。二人の子供をおいて夫の許を去り、愛人の許にはしった一人の女性が、実の子供に対する母性としての愛と愛人にひかれる女としての恋との二つのことなった感情の相剋に苦しみながら、ついには自殺した愛人のあとを追う。自ら求めたと見える悩み多き彼女の生涯も、ひたすら真実を、模索しての切実な人生行路だったのだ。煩悩を一身に背負ったようなこの女主人公には淡島千景が扮し、その夫山村聰、娘桂木洋子、幼い息子は水村国臣、彼女を理解してくれる絵描きの弟には多々良純が出演、佐田啓二も特別出演して興味あるキャストを構成している。監督は、はじめて本格的ドラマに取組む川島雄三。なお、真実一路という題名は北原白秋の詩からとったものである。（松竹大船作品）

佐田啓二・水村国臣

水村国臣・桂木洋子

須賀不二夫・淡島千景

『キネマ旬報』1954年3月下旬号に掲載された「眞実一路」の紹介グラビア。1937年に田坂具隆監督によって映画化されており、川島自身も後に「人が先にやったものは、よほど特別自分の打出すものがないと、結果的によくないと思った」と語った作品

『キネマ旬報』同号の広告ページより。同時期には木下惠介監督の「女の園」が封切られたほか、洋画では名匠ジョン・ヒューストンの「悪魔をやっつけろ」や、今なおカルト的な人気を誇るラス・メイヤーの「ピープショウ」なども公開されていた

でも川島監督は今村昌平のようにテーマ主義で映画を作らない。俯瞰でものを見るという、上から目線がないんです。常に地べたから人間を描いている。そこに映し出される人間というのは、多くの人から見たら小さなことに思えるかもしれないけれど、その当事者からすればとても大きなことを、川島監督は丁寧に描いた人だと思います。だから川島映画に出てくる人間は、どれも等身大なんです。その人間たちが持っている逞しさや弱さ、どうしようもない矛盾といったことをどれも否定せずに、温かい目を注いで描いている。とても誠実な人だったと思いますね。

川島監督が亡くなった後も今村昌平をはじめ、小沢昭一や殿山泰司といった常連俳優たちが彼のことを慕って、思い出を文章に書いていますよね。三橋達也なんか、川島監督が日活から東宝へ移籍したら、自分も後を追って東宝へ行った。だから映画監督としては勿論、人間として魅力があったと思うんです。その川島監督の人間力が、今も観る者を惹きつけるんだと思いますね。

第八部　渡哲也

スタジオジブリが設立30年を迎えたとき、鈴木敏夫はジブリの日々を振り返って『大笑い三十年の馬鹿騒ぎ』と表現した。これは「仁義の墓場」（75年）で自殺する主人公・石川力夫の辞世の句で、彼はその言葉と演じた渡哲也が大好きなのである。鈴木敏夫にとって、俳優・渡哲也とはどういう存在なのか。彼の心を捉えた渡哲也の魅力を探っていこう。

渡さんはデビュー当時から、石原裕次郎さんの弟分というイメージで売り出したんです。だから裕次郎さんのリメイク映画も随分やっている。僕は親父が裕次郎さんを好きだったこともあって、その映画を結構観ていましたからね。渡さんには最初から親近感がありました。

ちょっと余談を言うとね。僕のおばさんが赤坂でうどん屋を開いて、その後しゃぶしゃぶ屋も経営していたんですが、それを裕次郎さんが応援してくれて、おばさんは個人的に裕次郎さんと仲が良かったんです。それで僕が慶應義塾大学を卒業するときにおばさんが来て、「お前の就職先が二つある。石原プロに入るか、石原慎太郎さんの秘書になるか選べ」と言われたんです。結局僕は逃げましたが、そんな縁もあって裕次郎さんと石原プロ、渡さんには特別な想いもあるんです。

ただデビューしてから2~3年の間に渡さんがやった、裕次郎さんのリメイク映画を観るとね。「嵐を呼ぶ男」(66年)にしても「陽のあたる坂道」(67年)にしても、僕は裕次郎さんのものをリアルタイムに観ているから、比較すると随分軽いなと思いました。やはり石原裕次郎という人は湘南の匂いがする。その雰囲気を背負って、いろんな映画が作られた。でも渡さんは島根県で生まれて、淡路島で育った人だから持っているものが違うんです。唯一リメイク映画で成功したのが「紅の流れ星」(67年)で、これは裕次郎さんの「赤い波止場」(58年)と物語のベースは同じですけれど、あちらがフランス映画の「望郷」(37年)の雰囲気なのに対し、こちらはゴダールの「勝手にしやがれ」(59年)の感じを出して、渡さんの軽くてコミカルな味も生きていた。これは監督の舛田利雄さんのセンスでしょうね。

渡哲也が初期に出演した映画で彼が衝撃を受けたのが、吉永小百合と共演した蔵原惟繕監督の「愛と死の記録」(66年)だった。

当時僕は高校生でしたが、これは単なる青春映画ではないと思いました。それまでも芸能雑誌のグラビアなんかで渡さんのことは気になっていたんですけれど、この映画で本格的に好きになったんです。

舞台は広島で、レコード店で働く小百合さんと将来を期待されている工員の渡さんが恋に落ちる。でも渡さんは原爆に被爆した後遺症で、白血病にかかって死ぬんです。結局小百合さんは彼の後を追って死ぬんですけれど、原爆の問題が色濃く出ていて、しかも当然ハッピーエンドが用意されていると思ったら、そうではなかった。これは衝撃でした。

渡さんは、当初小百合さんと共演するはずだった浜田光夫さんが暴漢に襲われて目にケガをして、急遽相手役に抜擢されたんですね。まだ俳優2年目で、しかも内面的に苦悩を抱えるというのは一番苦手なタイプの役。だから演技は上手くないんだけど、初々しさが出ているんです。また後で思うと白血病に冒されて、自分が思うような人生を送れない主人公というのは、その後の渡さんの人生とも重なってくる。そういう意味でも凄く象徴的な作品だし、今回観直してやはりいい映画だと思いました。

小百合さんもこの映画に出たことが一つのきっかけになって、胎内被爆した芸者を演じたTVの『夢千代日記』（81年）を経て、原爆詩の朗読をすることになる。当時はそれほど評判にならなかったですけれど、二人の俳優にとってこれは大事な映画だったと思うんです。

この映画の印象が強かったのだろう。鈴木敏夫の中で、渡哲也は好青年だが死の影を漂わせる俳優としてインプットされた。

もしかしたらそれは後追いのイメージだったかもしれないけれど、そういう雰囲気を持つ俳優が68年に始まる「無頼」シリーズで、殺伐としたアクションを見せたことが、僕には腑に落ちたんです。

僕は67年に慶應義塾大学に入って東京へ出るんですけれど、当時は70年安保へと向かう学生運動の最中。その時代の空気を体現していたのが、渡さんと高倉健さんだった。

世間的に見れば健さんと渡さんは、表と裏だと思います。でも健さんがその頃東映でやっていたのは、大人の作り話としてのやくざ映画でしょう。渡さんの日活やくざ映画は、もっと現代と繋がっていました。また殺陣のスピードが東映と日活では違う。東映はベテラン俳優を相手にするから、健さんでもスピードが遅い。渡さんは速くて、その動き自体に危険さが漂っていたんです。だから東京へ出た僕は、さらに渡さんの映画にのめり込んでいきました。

鈴木敏夫が東京へ出た67年の春。翌年に『訳のわからない映画を作った』ことを理由に日活を解雇される、鈴木清順監督の問題作「殺しの烙印」(67年)の公開を6月

に控え、映画ファンの間で鈴木清順への注目が集まっていた。鈴木敏夫はその清順監督の特集上映で、初めて「東京流れ者」（66年）を観たという。主演は勿論、渡哲也だった。

鈴木清順さんの作品は映画好きなら誰もが一度ははまる、通過儀礼のようなものですね。その頃巷では、清順さんが大型企画を準備中という噂も広まっていました。そんなこともあって、ちょっとしたブームになっていたんですが、特集上映で「東京流れ者」を観たら大好きになって、20回は観ていると思います。池袋の文芸坐とか、この映画がかかる度にいろんな映画館に流れて観にいきました。

どうしてかといったら、まずタイトルですね。その頃のいろんな雑誌で「流れ者とは何か」という論争があったんです。東京と付いているからには、これは本当に流れ者なのかと。後の〝寅さん〟がそうですよね。流れ者といいながら、彼には葛飾・柴又という帰る場所がある。本物の流れ者というのは映画の主題歌にもあるように、流れ果てない旅に出て、どこへ行くのかわからない者のことだろうと。こういう考え方を横からサポートしたのが、『ながれ者の系譜』シリーズを描いた漫画家の真崎守さんなんですね。そしてこの考え方は、怖いことに学生運動に導入されていくんです。

「東京流れ者」と学生運動は、どのようにリンクしたのだろう。映画の物語をざっと

真紅な海が呼んでるぜ

松尾　昭典　作品

日活が第三の新人として期待している渡哲也が初の天然色で描く、海の男のアクション・ドラマ。大海原とミナト神戸を舞台に、灼熱の兄弟愛と男の友情、そして濃艶な色模様がくりひろげられてゆく。監督は松尾昭典、脚本は雨宮隆、芦沢俊郎と松尾監督が共同で書いている。出演者は、この渡哲也に加えて、二谷英明、中原早苗、松原智恵子、金子信雄、チコ・ローランド、郷鍈治、下条正巳、菅井一郎、伊藤るり子、藤竜也、深江章喜といったベテランがわきをかためている。題名、ストーリーとも、いかにも日活カラーあふれるばかりの作品で、新人渡哲也がいかにその本領を発揮するかがたのしみである。

日活　映画

『キネマ旬報』1965 年 7 月下旬号に掲載された渡哲也主演作「真紅な海が呼んでるぜ」（松尾昭典監督）の紹介グラビア。渡にとって初のカラー作品。彼を前面に打ち出した写真からも、当時の日活新人スターとしての期待感がうかがわれる

愛と死の記録

蔵原惟繕作品

■日活配給

これは、吉永小百合、渡哲也の新コンビで贈る純愛篇である。はじめて知った愛の歓び、幸せに酔う若い二人に襲ったむごたらしい運命。恐ろしい原爆症にむしばまれた青年と、ひたむきに恋に燃える美しい乙女との至純の愛を、吉永、渡の魅力ある顔合わせで贈る感動篇——。

出演者は、吉永小百合、渡哲也のほか、芦川いづみ、滝沢修、中尾彬、浜川智子、垂水悟郎、佐野浅夫、三崎千恵子といった豪華多彩な顔ぶれである。なお主題歌はビクター・レコード。

『キネマ旬報』1966年10月上旬号に掲載された「愛と死の記録」（蔵原惟繕監督）の紹介グラビア。鈴木が衝撃を受けたという、被爆者の青年・渡と美しい乙女・吉永の純愛ストーリーは、広島で実際に起きた出来事に基づくものだった

おさらいすると、やくざの組を解散した倉田組組長の片腕・不死鳥の哲は、堅気になってクラブを経営しようとするが、資金繰りが苦しくなって、倉田組の財産であるビルを担保に入れる。そのビルをかつての敵対組織・大塚組が狙っていたことから、いざこざに巻き込まれた哲は東京を追われてしまう。彼は新潟、北九州を流れ歩くが安住することが出来ず、東京に舞い戻る。しかし倉田組組長は敵に寝返っていて、哲は怒りの弾丸を倉田や大塚に放って去っていくというもの。

このラストで本物の流れ者の誕生という事になるんですが、これは東映やくざ映画の対極にある作品だと思います。しかも清順さんは、それを意図的にやった。東映のやくざ映画というのは、ある意味ハッピーエンドなんですね。でも「東京流れ者」の主人公は自分の親分も悪玉も殺して、最後に駆け寄ってくるヒロインの松原智恵子さんも「流れ者に女はいらねえんだ」と振り切って去っていく。

これを学生運動に当てはめると、何か新しいビジョンがあって今の体制を壊すんじゃない。とにかく目の前にあるものを壊すんだと。ではその後をどうするのかといったら、無責任なんですよ。破滅的なんです。それって不死鳥の哲の生き方に通じるでしょう。

だから当時の学生たちはカッコいいと思ったし、この映画は一種のバイブルにもなった。学生たちは理屈でものを考えていたけれど、それを清順さんはもっと単純明快な形で描いて、渡さんは保身など考えずに破滅へ向かって突き進んでいく主人公を体現していた。一方の東映やくざ映画は、「仁義なき戦い」が登場するまでは主人公が行動することで、未来に希望が見える話になっていました。その肌合いの違いは大きかったですね。

当時の学生たちの破滅願望に油を注いだ「東京流れ者」。その映画を彼は、今も観返すことがある。

この映画だけではなく、実は清順さんの映画はどれも破滅の道へと向かう要素が強い。だからカッコいいし、あの頃の僕らの心に響いたんです。

僕は「東京流れ者」を半世紀にわたって観続けていますけれど、当時はそういう清順さんと渡さんに惹かれていって、その後社会人になって観たら〝やはりこういう事じゃだめだ〟と思う自分もいて。それで最近観直したら東洋的な考え方を感じて、またいいなと思ったんです。哲は自ら進んで修羅の道へ足を踏み入れていくわけでしょう。その先にあるものを想ったら、これは東洋的な人生観です。

でもその後の哲を描いた、森永健次郎監督が作った「続 東京流れ者 海は真赤な恋の色」(66年)は、普通のアクション映画になっていましたけれどね(笑)。

そういう意味でも渡哲也は彼にとって、時代を並走した大事なスターであった。

ただ渡さんには、自分がこういう俳優になるんだという、一つの方向性があったように思えないんですね。やくざをやる一方で「わが命の唄・艶歌」（68年）では音楽プロデューサーの役もやるし、「夢は夜ひらく」（67年）のような歌謡映画にも出ている。またそういう映画でもちゃんと一つのキャラクターを演じていて、シリアスからコメディまで似合う人でした。そんな時代を経て、68年から代表作「無頼」シリーズが始まるんです。

68年1月13日。渡哲也主演の「『無頼』より 大幹部」が公開された。この映画はやくざから作家に転向した藤田五郎（ふじたごろう）の自伝的小説を原作に、〝人斬り五郎〟と呼ばれた一匹狼のやくざが生きていく姿を描いたもの。鈴木敏夫は、やがて全6作のシリーズになるこの作品に当時魅了された。

第1作は監督が舛田利雄さんだから、言わば真っ当な作品なんです。舛田さんは石原裕次郎さんのムードアクション映画を得意としていたけれど、そういうものが当たらなくなって、試行錯誤する中で「無頼」シリーズが出てきたと思うんです。このシリーズの主人公・五郎は、本物のやくざの人生を背負ったキャラクターですからね。作り物のムードアクションのヒーローと違って、殺伐とした凶暴な男なんです。

TEL 351—2941　土曜夜10時開映

新宿ロマン

—オールナイト—

還って来た不死鳥（ヒーロー）たち

全席自由席　9時30分開場

入場料 500円のところ今号〈試写会ハガキ〉窓口ご持参の方を 400円にご優待。ハガキは検印後、ご返却。

12月14日
大映オールスター特集
いざ、打入り！
かげろう侍（池広一夫）
次郎長富士（森 一生）
薄桜記（森 一生）
忠臣蔵（渡辺邦男）

12月7日 渡哲也特集
東京流れ者（鈴木清順）
紅の流れ星（舛田利雄）
新宿アウトロー
ぶっ飛ばせ（藤田敏八）
斬り込み（沢田幸弘）
関東破門状（小沢啓一）

12月21日 小林旭特集
関東無宿（鈴木清順）
縄張はもらった（長谷部安春）
渡り鳥北へ帰る（斎藤武市）
俺たちの血が許さない（鈴木清順）
ネオン警察
ジャックの刺青（武田一成）

12月28日 日活三つの顔
赤い谷間の決斗/赤いハンカチ/みな殺しの拳銃/勝利の男/長崎の顔

*　*　*

名画座 **新宿ロマン**

12月3～9日
愛欲の道づれ
私は好奇心の強い女

12月10～16日
歓びの毒牙（きば）
続・私は好奇心の強い女

12月16～23日
トニー・ローム 殺しの追跡
ブラック・エース

一般500円・学生400円のところ今号〈試写会ハガキ〉にて一般400円・学生350円にご優待。なお学生は証明書をお持ち下さい。

『キネマ旬報』1974年12月下旬号に掲載された新宿ロマン劇場のオールナイト上映の広告。渡哲也の「東京流れ者」をはじめ、日活アクションは当時の人気プログラムだった

その彼がチンピラに絡まれた、地方から出てきた松原智恵子さんを助けて、彼女は五郎から離れなくなる。五郎は泊まるところがないという彼女を自分の部屋に連れていって、自分は別のところへ行って寝るんです。そういう女性に対して純情で真面目、一方で凶暴なものが共存している五郎の人物像は、学生運動に参加していた大学生たちの気分にもピッタリ合っていました。

ドス一本を武器に孤軍奮闘する五郎のアクションは、第2作からシリーズを担当した小澤啓一（おざわけいいち）監督によって過激さを増していく。

小澤さんの作品から、五郎は取り囲んだ相手の目をドスで狙うようになったんです。やられた相手は目を押さえるでしょう。観ている方にその痛みが伝わってきて、殺伐とした感じが増幅された。

シリーズの最後の作品を友人と観にいったときにね、観終わった後、彼が「何でこんなもの、観なきゃいけない。娯楽として観るもんじゃないよ」と言ったことを覚えています。けれど、70年安保は学生組織の内部でリンチが行われたり、凄惨（せいさん）な結末へと向かうんです。そんな時代のムードをこのシリーズは、感覚として伝えていました。

第2作「大幹部 無頼」（68年）のクライマックスは、両側が高い壁になっている川で五郎と悪玉一味が延々と闘いを繰り広げる。このシリーズは最後の闘いが長いこと

続 東京流れ者

海は真赤な恋の色

森永健次郎作品 ■日活配給

話題の新星渡哲也が、大好評の前作につづいて放つおなじみ〝東京流れ者〟の第二弾である。南国土佐を舞台に、友情と熱血と慕情にもえる不死鳥の哲で、新しい魅力を爆発させる。
キャストはこの渡哲也のほか、二万人の応募者の中から選ばれた新しい相手役女優の橘和子が華々しくデビュー。さらにこれまた新人の好漢杉良太郎も登場。それに加えて松原智恵子、垂水悟郎、金子信雄、白木マリ、そして日活初出演の吉田輝男という顔ぶれ。

『キネマ旬報』1966年11月上旬号に掲載された「続 東京流れ者 海は真赤な恋の色」（森永健次郎監督）の紹介グラビア。南国土佐を舞台に、不死鳥の哲が魅力を爆発させる。ちなみに同時上映は清順監督の「けんかえれじい」だった

も特徴的なんですが、壁の上では女子高生たちがバレーボールの練習をしているんですね。下の川で命のやり取りをしているやくざ達と、そんなことも知らずに青春を謳歌している女子高生。これをカットバックで見せていくんですけれど、ここでは現代の日常と地続きのところに五郎を置いているんです。だから余計に生々しさを感じたし、それが渡哲也さんには似合っていた。また、松原智恵子さんの何も知らない御嬢さんのようなヒロインが、リアリティがないからこそ、作品全体から漂う殺伐とした雰囲気を和らげる意味でも魅力的でした。

この間このシリーズを若い人たちと一緒に観たら、面白いというんです。彼らはルールだらけの今の世の中に反発があって、こういうものにカタルシスを感じている。そうだとしたら、また危険な季節がやってきているのかもしれないと思いましたね。

「無頼」シリーズは69年の第6作「無頼・殺せ」で終了し、渡哲也はその2年後に日活を離れた。

日活以後も僕は渡さんを追いかけました。加藤泰監督が松竹で撮った、「人生劇場」（72年）と「花と龍」（73年）は渡さんの新しい面を引き出して面白かったですけれど、やはり強烈だったのは深作欣二監督の「仁義の墓場」（75年）でした。70年安保が終わって、みんながそろそろその時代のことを忘れかけていた時に、「無頼」シリーズの〝人斬り五郎〟が帰ってきた感じがしたんです。

この映画で渡さんが演じたのは石川力夫という、凶暴なやくざ。46年から54年を背景にしているんですけれど、最初は敗戦の混乱期に石川と一緒になって暴れていた友人たちが、世の中が平和になると人間が変わっていくんですね。でも石川だけはそのままで、彼は時代に取り残されていく。そんな取り残されて自分一人で破滅への道を歩んでいく男をやらせると、渡さんはうまかったんです。映画における渡さんでは、「仁義の墓場」が僕のベスト・ワンですね。

その後、大病を繰り返しながら主な活躍の場をTVに移した渡哲也の作品も、鈴木敏夫は観ていたという。

倉本聰さんがメインライターを務めた『大都会』シリーズの第1作『大都会・闘いの日々』(76年)で演じた、妹想いのマル暴刑事役が良かった。殺伐とした人間を演ってきた渡さんが、TVという枠の中でこういうところに落ち着いたのかと思ったんです。また、山田太一さん脚本の『夏の一族』(95年)で、娘の結婚に反対する父親役も印象深かったですね。ただ、今の人が考える渡さんは『西部警察』(79〜84年)のイメージがほとんどでしょう。そうではない、僕らに刺激を与えた映画スター・渡哲也の作品をもっと観てもらいたいです。

正月に公開され、クリーンヒットとなった「大幹部」の続編。"人斬り五郎"という、ヤクザの世界に生まれ、育ち、そこにしか生きることのできない一人の男の生態をドキュメンタリー・タッチで追って行くというもの。出演は、人斬り五郎に前作と同じく渡哲也が扮し、その魅力をスクリーンいっぱいに発散させるほか、松原智恵子、芦川いづみらが出演、監督は新人小沢啓一。

大幹部
無　　頼
●小沢啓一作品　日活映画

『キネマ旬報』1968年5月下旬号に掲載された「大幹部 無頼」（小澤啓一監督）の紹介グラビア。同年正月に公開されクリーンヒットとなった「大幹部」（舛田利雄監督）の続篇として製作された

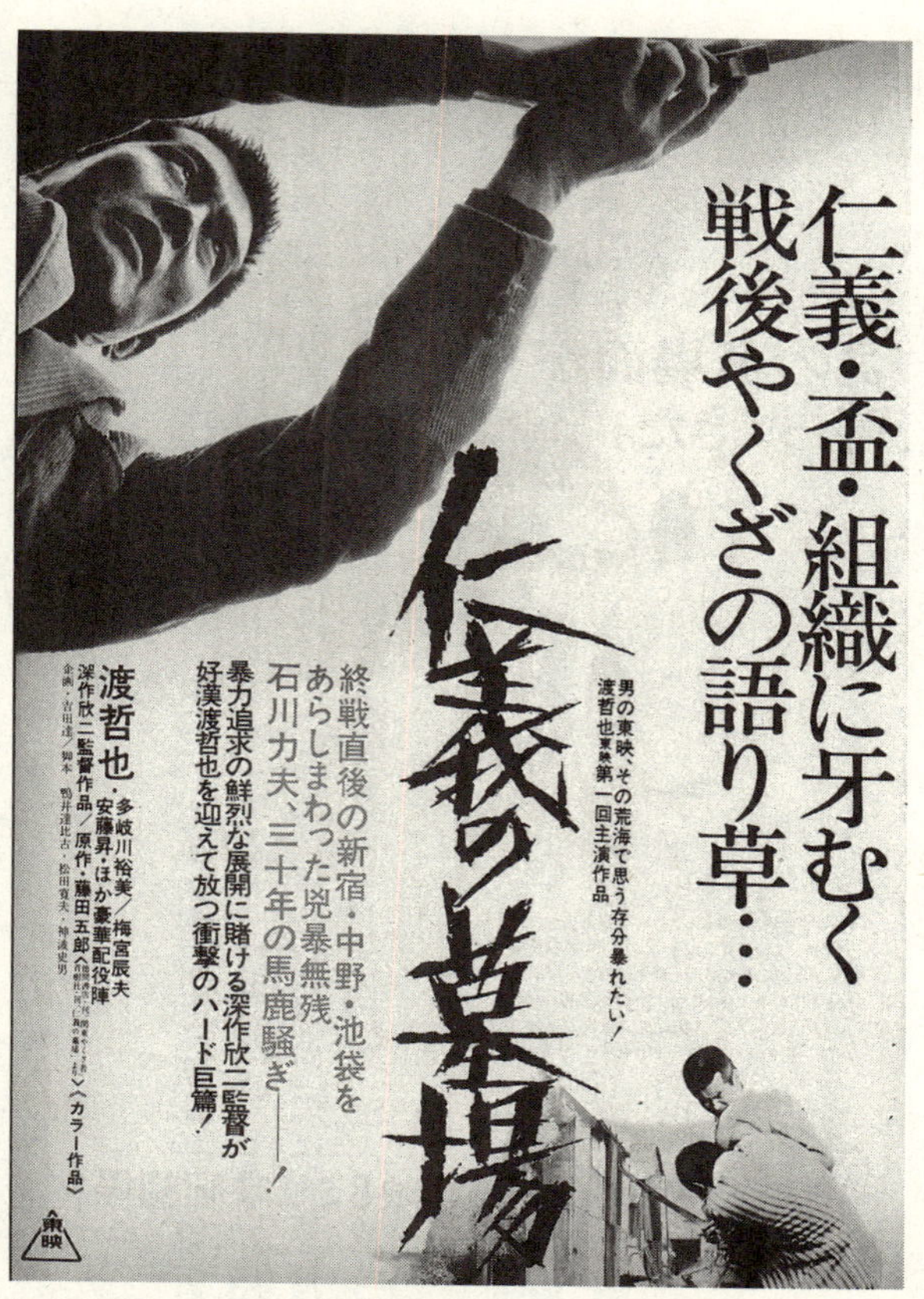

仁義・盃・組織に牙むく
戦後やくざの語り草…
男の東映、その荒海で思う存分暴れたい！
渡哲也東映第一回主演作品
仁義の墓場
終戦直後の新宿・中野・池袋を
あらしまわった兇暴無残
石川力夫、三十年の馬鹿騒ぎ――！
暴力追求の鮮烈な展開に賭ける深作欣二監督が
好漢渡哲也を迎えて放つ衝撃のハード巨篇！
渡哲也・多岐川裕美／梅宮辰夫
安藤昇・ほか豪華配役陣
深作欣二監督作品／原作・藤田五郎
〈カラー作品〉
企画・吉田達／脚本・鴨井達比古・松田寛夫・神波史男
東映

『キネマ旬報』1975年2月下旬号に掲載された「仁義の墓場」の広告。渡の東映第1回主演作で、「暴力追求の鮮烈な展開に賭ける深作欣二監督が好漢渡哲也を迎えて放つ衝撃のハード巨篇！」とある

第九部　大楠道代

勝新太郎主演の「座頭市海を渡る」（66年）。さらに笠原和夫脚本の「博奕打ち　いのち札」（71年）と、鈴木敏夫が忘れられない映画として挙げている作品に出演した女優・大楠道代。その魅力はどこにあったのだろうか。今回は〝僕は監督と役者で映画を観てきた〟という鈴木敏夫が語る、大楠道代が辿ってきた女優人生を探っていこう。

僕が最初に好きになった女優は、「ポリアンナ」（60年）や「罠にかかったパパとママ」（61年）などに主演した、天才子役のヘイリー・ミルズなんです。彼女には英語でファンレターも書きました。でもそれ以降、本当に好きになった女優はいなかった。ただ、日本にも気になる女優はいたんですよ。中学から大学までで言うとね。東映は最初時代劇で女優は添え物ですから、気になった女優は「故郷は緑なりき」（61年）の佐久間良子さんだけなんです。これは、作品自体が好きだったんですよね。宮さん（宮崎駿）は時代劇の千原しのぶさんが好きだったそうですけれど（笑）。

日活では僕と宮さんの意見が一致するのは芦川いづみさんで、中学から高校の頃は吉永小百合さんの人気全盛期だけれど、僕は魅力を感じなかった。それよりも「非行少女」（63年）の和泉雅子さんとか松竹から移籍してきた十朱幸代さんが好きでした。松原智恵子さんは、僕が大学時代にちょっと好きだった女の子が、彼女の目とそっくりだったんです。だから松原さんを見るとその子を思い出して、それで気になっていましたね（笑）。

松竹は大学時代に倍賞美津子さんが好きになりましたけれど、そのお姉さんの倍賞智恵子さんも山田洋次監督と初めて組んだ「下町の太陽」（63年）から観ていて、特にそれまでのイメージと変わって復讐する女性を演じた「霧の旗」（65年）が印象的でした。

東宝は「若大将」シリーズの星由里子さんが周りでは人気だったけれど、僕は魅力が分からなかった。やはり東宝では「めぐりあい」（68年）の酒井和歌子さんで、彼女の持つひたむきさに惹かれたんです。

鈴木敏夫は芦川いづみや酒井和歌子など、ひたむきな女性が似合う女優を好んだ。ただ強烈に惹かれる人はいなかったというが、大映の女優には思い入れがあった。

親父が大映の映画を好きだったこともあるんでしょうが、大映の女優は記憶に残っている人が多いんです。京マチ子さんなんかは大人の女性という感じがして、「鍵」

（59年）を中学時代に一人で映画館へ観にいって、18禁だったので追い出された記憶がありますよ。若尾文子さんの映画は年齢制限がなかったので、背伸びして観にいっていました。背伸びしたというのは、京さんや若尾さんにはどこかエッチな感じがしたんです。そこに惹かれたんですよ（笑）。その一方で「破戒」（62年）でデビューした、清楚で堅い感じがする藤村志保さんも好きだったんですけれど。

そういう大映女優の中に、66年から安田道代（後の大楠道代）が加わった。66年と言えば、日本映画界が斜陽の一途をたどっていた頃。そこに登場した安田道代は、彼にどんな女優に見えたのだろうか？

安田さんは日活の「風と樹と空と」（64年）で主演の吉永小百合さんと一緒に地方から就職のために上京した友人の一人を演じたんですが、このときはまったく印象になかった。観直してみるとこの頃は結構太っていて、後のイメージと違うんです。それから安田さんは日活を辞めて、勝新太郎さんの誘いで大映に入ったんですけれど、入社直後の66年には若尾文子さんと共演して不良少女を演じた「処女が見た」（66年）を皮切りに、この年だけで10本の映画に出ている。その売り出したときのキャッチフレーズが『山本富士子の再来』だったんですが、その頃山本富士子さんは僕にとっておばさんというイメージでしたから、違和感がありました。でもどこか似ているんだろうなと思って、一所懸命に山本富士子さんの映画も観に行きましたよ（笑）。
　それで大映での2作目が3月公開の「氷点」（66年）。この年の1月に内藤洋子さん主演で話題になったTVドラマの映画版で、僕は映画のほうが好きだった。さらに5月から8月にかけて「野菊のごとき君なりき」（66年）、「私は負けない」（66年）、「座頭市海を渡る」（66年）が公開されて、この3本で一気に安田道代さんの大ファンになったんです。
　何でそこまで好きになったのか。後に大好きになった梶芽衣子さんもそうなんですが、思い返すと僕は、きつい顔立ちの女性が好きなんですね。だから最初から気になる存在だったんです。それともう一つは、この頃映画はTVに押されて元気がなかったけれど、安田道代の登場によってもう一度映画からスターが誕生する。そんな期待を抱かせる感じが、彼女にはあったんです。

66年、10本の作品に出演して、新人女優として注目された彼女の活躍を、鈴木敏夫は鮮烈に覚えている。

伊藤左千夫原作の「野菊のごとき君なりき」（66年）は、55年に木下恵介監督が映画化した作品のリメイクで、木下版と同じ脚本を使っているんです。木下版では親戚の年下の男の子とプラトニックな愛情で結ばれるヒロインを有田紀子さんが演じてす

〝この道が私の運命〟

大映のホープ 安田道代

不況の波にゆさぶられている映画界で、大映が新人安田道代を第一線に押し出すべく全力をあげているのは、邦画界の沈滞ムードを破ろうとするひとつの試みとして注目できる。

安田道代は二月封切りの「処女が見た」で非行少女をつとめたのを皮切りに、「氷点」「野菊のごとき君なりき」「殿方御用心」にたてつづけに出演するというラッキーなスタートを切り、最近では「私は負けない」に主演すると同時に、「座頭市海を渡る」で重要な役をつとめ、日ソ合作映画「小さい逃亡者」にもつき合うといういそがしさだ。

デビュー作「処女が見た」では新人らしからぬ線の太さを見せ、「氷点」では、かれんというより清らかな演技を、「野菊の……」では、いささか古風な味で山本富士子に似た日本的美ぼうの持ち主であることを印象づけた。

邦画各社が最近こぞって力を入れている女性路線に、わずか若尾文子ひとりしかたよれない大映の女優陣の中で、この新人安田道代の出現がどれほどの成績を収めるかはまことに興味あるところだ。

—自分の顔をどう思う？

「毎日カガミを見ますが、ハナすじが通ってるわけでなし、ちょっと上を向いているからクラシックじゃないと思いますが。どっちでしょう」。飾り気のないスポーティーな服装にいたずらっぽい目を光らせて、逆に質問してくる。

「学校？ 武庫川学院です。名門校です」。注釈を入れる。中高等部から短大に進学したが、卒業することは、あまり問題にしていないらしい。無理をしても大学を出たがる最近の若いスターと対照的だ。

—生まれは？

「浜松ですが、父につれられて中国の天津にわたり、引き揚げ者なんです。家は西淀川の大衆相手の小料理屋です」。撮影所のスタッフの中でもガラのわるい照明部の人たちに好かれているということだ。彼女のからだにしみこんだ明るい庶民的な生活感情がそうした親近感を呼ぶのだろう。

—なぜこの世界にはいったの？

「これが自分の定まった運命だという気持ちしかありません」と少しも妙な懐疑心など抱いていない。

「運命という気持ちは、すべてがチャンスの連続でここまできたからです。はじめ頼まれてセーラー服のモデルをやったポスターがテレビの「風雲児半次郎」出演のきっかけになって、それが勝新太郎さんに認められて大映入りになったのです」

—いままでやった役は？

「私はドライとウエットが極端で中間的なものがなく、いわば即興的なぶっつけ演技なので、これからよく計算して演技をします」と早くも俳優としての知恵を働かせ始めている。たしかに異色の新人だ。期待されるだけの素質をもっている楽しみな女優である。

（外村完二＝映画評論家）

大映のホープとして安田道代を紹介する新聞記事（1966年、鈴木氏のスクラップより）。本文に、「デビュー作『処女が見た』では新人らしからぬ線の太さを見せ……」とあり、その才能への期待が窺える

『キネマ旬報』1966年3月下旬号に掲載された「氷点」（山本薩夫監督）の広告。「処女が見た」と同様、若尾文子との共演作で、安田は出生の秘密に隠された運命に翻弄される娘を清らかに演じた

ごく良かったんですけれど、安田さんはそれと並ぶくらいの好演を見せたんです。「私は負けない」（66年）は若尾文子主演、増村保造監督の「青空娘」（57年）のリメイク。継母に引き取られた女の子が、お手伝いさんのように扱われながら明るく生きていく姿を描くんですけれど、映画としては増村版の方が出来はいい。でもヒロインとして適役なのは、若尾さんよりも安田道代さんだと思いました。あの明るさと、かなり無茶苦茶な展開の話を引っ張っていくエネルギーはすごい。僕は大好きな映画で、当時源氏鶏太（げんじけいた）さんの原作も買って読んだんですよ。そこから源氏鶏太の本にはまって全部読んでいったんですけれど、こういう青春小説はこれだけで、他はほとんどサラリーマン小説だったのでビックリしました。

それから「座頭市海を渡る」（66年）が夏に公開されたんですが、その頃「座頭市」シリーズはマンネリ化していてね。お客も飽きてきたんです。そこに安田さんがヒロインとして登場したことで、新しい風が吹いた。当時の週刊誌を見ても、座頭市の勝新太郎さんよりも安田さんがグラビアでクローズアップされていて、僕はそのグラビアを切り抜いてスクラップしていました。映画も安田さんが市を斬る場面が鮮烈でね。心ならずも彼女の兄を斬ってしまった市に対して、家の奥まで刀を取りにいって、長い廊下を走ってきて市の肩に刀を振り下ろす。それを市は肩で受け止めるんです。ここで黙って自分に斬られた市に対する驚きを、目を見開いて表現した彼女の顔が忘れられないんです。そこから傷を治すために市が彼女と一緒に暮らし始めるんですけれど、二人の生活が丁寧に描かれていて、そこがチャンバラシーンよりも印象に残りました。

この3本の映画を観ると、「野菊のごとき君なりき」は文芸作で「私は負けない」は現代女性の青春物、「座頭市海を渡る」はヒット・シリーズのヒロインでしょう。そのどれでも確かな存在感を見せた安田さんは、京マチ子さんや若尾文子さんの後を継ぐ、大映のトップ女優になっていくんじゃないかと思ったんです。他にもこの年には、勝新太郎さんの「兵隊やくざ　大脱走」（66年）、市川雷蔵さんの「新書・忍びの者」（66年）とシリーズもので相手役に抜擢されていますから、大映としても期待が高かったと思いますね。

だが大映の経営不振は、翌67年に深刻になっていった。それに伴って作られる作品もセックス物ややくざ物など、刺激の強いものが多くなっていく。

そんな中で安田さんは、谷崎潤一郎原作の「痴人の愛」（67年）でヒロインのナオミを演じる。「痴人の愛」は49年に京マチ子主演で、60年には叶順子主演で映画化されていて、大映では3度目だった。監督は増村保造で、ナオミを自分の理想的な女性にしようとするサラリーマンを小沢昭一さんが演じ、当時の最新ファッションを身にまとって彼を翻弄する女を安田さんがやっているんです。この映画は今だと再評価されていますけれど、当時観た僕は気分的に引きました。『小沢昭一は日本で、安田道代はアメリカである』なんて、かなり見当違いの映画評が出たこともあるんですけれど、何か違和感を覚えたんです。後に安田さん自身のインタビュー映像でも、この映画は嫌いだったと言っています。

もう一本、増村監督とは「セックス・チェック 第二の性」（68年）でも組んでいます。これは工場で働く女工員の安田さんが、緒形拳さん扮する鬼コーチに才能を見出されて、短距離ランナーとしてオリンピックを目指すんです。速く走るためには男性ホルモンを増やさなくてはいけないと、コーチは彼女に『俺』と言わせたり、毎朝ひげを剃らせたりする。その成果かタイムはよくなるんだけれど、セックス・チェックをしたら両性具有と診断されてしまった。今度は女性ホルモンを増やそうとコーチは彼女を抱いて、自分の愛人にしてしまう。女性には戻るけれど、タイムが遅くなってコーチと彼女は陸上界を去るという話なんですよ。

男性っぽくなる部分とか、これは女優にとって辛い話ですよね。出演するとき、安田さんは大映の永田雅一社長に出たくないと直訴したそうです。それでも見事にやりきってしまうのが、安田さんなんですがね。増村さんの世界観と彼女の個性が合っていたとはあまり思わないんですが、こういう経験が後の大楠道代を作っていったと思うんですよ。

斜陽の一途をたどる60年代後半の大映にあって、30本以上の映画に出演した安田道代。エログロ、やくざ物、B級アクションなどキワモノ企画が続いた彼女の作品を、鈴木敏夫は追いかけていった。

確かにヒドい作品が多いんですよ。でもシリーズ化された「秘録おんな牢」（68年）の第1作なんか、タイトルだけ見るとエロを売りにした女囚物に思えますけれど、内容はそれぞれ哀しい過去を背負った女たちの人間ドラマになっていて、結構面白いんです。

ただ、安田さんのファンは周りにいなかったですね。とにかく日本映画にお客が来ない時期ですから、誰も彼女の映画を観ていない。この間、僕が『南の国のカンヤダ』に安田さんを好きだと書いたら、そのことを知った宮さん（宮崎駿）の弟・至朗さん（46年生まれ）が、実は僕もファンでしたと言ってきて、親近感を覚えました（笑）。

不良少女を演じた「関東おんな」シリーズに主演したり、江波杏子さんの「女賭博

野菊のごとき君なりき

富本壮吉作品

大映作品

往年、木下恵介監督が記録的ヒットとしたこの伊藤左千夫の原作「野菊の墓」を、今回は富本壮吉のメガフォン、安田道代、大田博之の主演で描こうというもの。脚本は前作と同じ木下恵介、共演には宇野重吉、川津裕介、楠田薫、原知佐子、北林谷栄という豪華メンバーが顔をそろえ、前作をしのごうという勢い。

『キネマ旬報』1966年6月上旬号に掲載された「野菊のごとき君なりき」（富本壮吉監督）のグラビア記事。相手役は太田博之。共演には宇野重吉、川津祐介、楠田薫、原知佐子ら、当時の豪華キャストが揃えられた

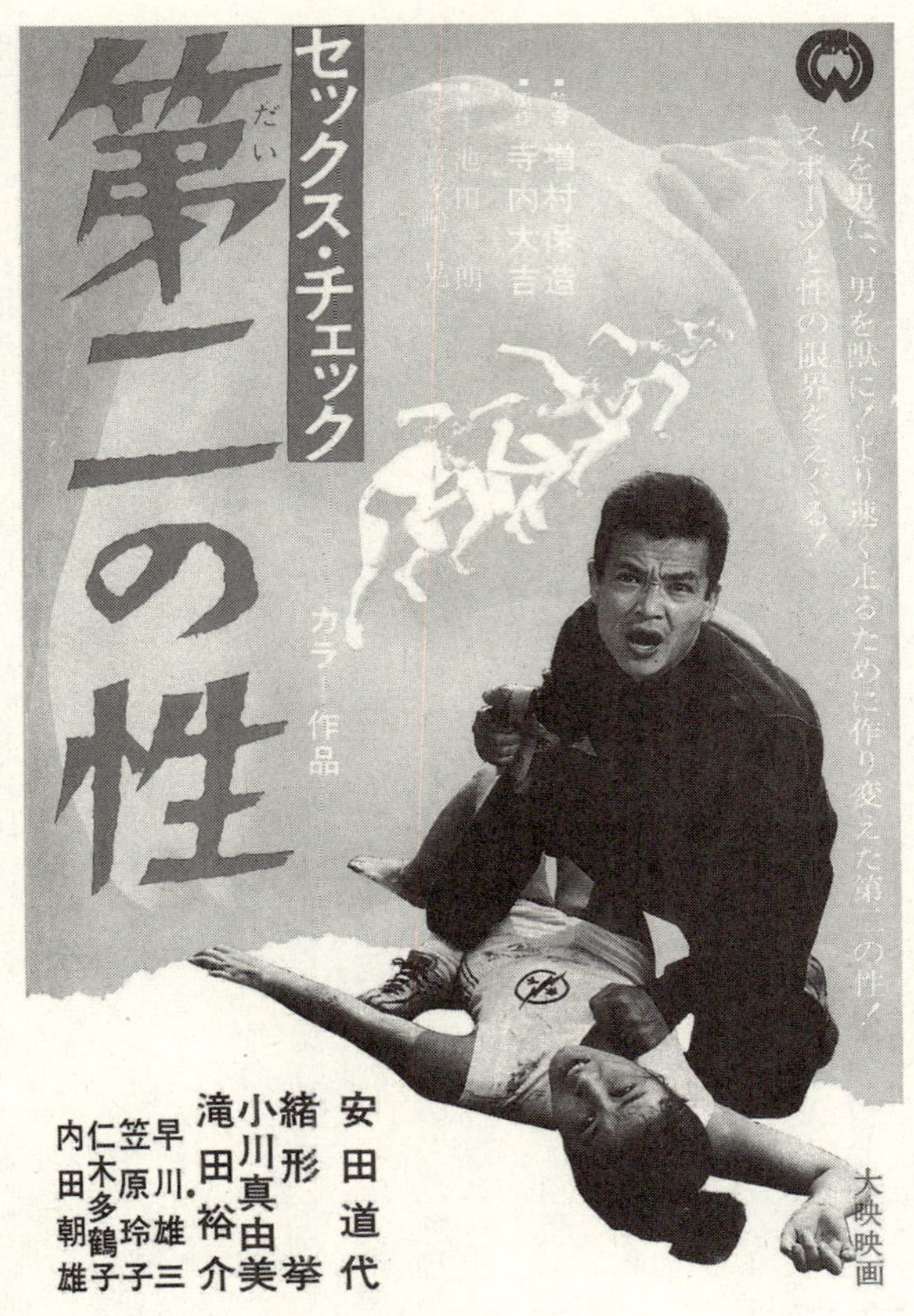

『キネマ旬報』1968年6月上旬号に掲載された「セックス・チェック 第二の性」（増村保造監督）の広告。相手役は緒形拳。メキシコ五輪をひかえ、性テストは当時のスポーツ界で大きな話題になっていた

師」シリーズに助演したりと安田さんは映画に出続けるんですけれど、大映の凋落は止まらない。でもね、彼女個人を追っていくとどんどんきれいになっていったんです。「笹笛お紋」（69年）は、いつも口に当てている笹笛の笹を飛ばして相手の喉笛を斬るという渡世人を主人公にした、女性版の『木枯し紋次郎』みたいな作品ですけれど、このときの安田さんは一番美しかった。翌年の谷崎潤一郎原作による「おんな極悪帖」（70年）では、成り上がるため次々に人を殺していく悪女の腰元を演じていますが、美しさに加えて人間的な凄みを感じさせるんです。だから周りの状況が悪くなっていく中でも、彼女はブレることなく女優としての自分を磨いていった感じがしたんですね。

そして安田道代は、71年2月に大映を退社。この年の11月に大映は倒産する。フリーになった彼女は、東映で鶴田浩二主演の任侠映画「博奕打ち　いのち札」（71年）にヒロイン役で出演した。

「博奕打ち　いのち札」がTVで放映された時、安田さんがインタビューに答えている映像があるんです。その中で〝あなたの代表作は？〟と訊かれて、この映画を選んでいるんです。僕もこれが彼女の最高傑作だと思うんですけど、自分が女優として育った大映の作品を選ばないのが不思議ですよね。それは大映が、彼女を大事に扱ってくれなかったという想いがあるからだと思います。最初こそスター街道を上がっていくような企画が続いたけれど、映画界の不況で変な企画をいっぱいやらされたわけですから。

でもその経験があったからこそ、「博奕打ち　いのち札」では、やくざ世界の掟に阻まれながらも、そこから飛び出ても愛を貫こうとする女性を見事に演じるまでになった。安田さんが、大人の女優として開花したのがこの作品なんです。

安田道代は76年9月、ファッションブランド「ビギ」の創業者の一人、大楠祐二と結婚して一時、芸能界から身を引く。翌77年4月に大楠道代として復帰し、鈴木清順監督の「ツィゴイネルワイゼン」（80年）を皮切りに、演技派女優としてその存在を不動のものにしていった。

僕の中では、彼女自身が持っている人間的な魅力に最初惹かれて、それからどんどんきれいになっていった安田道代の時代と、演技派としていろんな作品に出ていった大楠道代の時代は違った印象を持っていますね。最初の頃は演技で見せるのではなく、全身で演じる役にぶつかっていきながら、芯の部分にある強さが一貫している感じが良かったんです。その頃は決してうまくはなかったけれど、「ツィゴイネルワイゼン」以降は、演技と存在感で〝魅せる〟女優になりましたよね。

秘録おんな牢
ひろくろう
女が女を責め、
女が女を慰める！
秘められた女囚の
すさまじい生態！
監督 井上昭
脚本 浅井昭三郎
撮影 竹村康和
安田道代
中原早苗
しめぎ・しがこ
渚まゆみ
長谷川待子
平泉征
渡辺文雄
千波丈太郎
井上昭文
伊達三郎
浜村純
語り手 久米明
大映映画

『キネマ旬報』1968年2月上旬号に掲載された「秘録おんな牢」（井上昭監督）の広告。本作は、いわゆるエロチック路線の女囚物としてシリーズ化。安田は鋭い眼力と肉体で、経営不振に陥った末期の大映を支え続けた

「ツィゴイネルワイゼン」で1980年度キネマ旬報助演女優賞を受賞した際の大楠道代のグラビア。受賞のコメントに「長い間、映画に対して抱いていた不満も解消されました」とある。（『キネマ旬報』81年2月下旬号より）

僕は鈴木清順監督と組んだものでは、生と死の境にいるヒロインを演じた「陽炎座」(81年)の方が好きでした。行定勲監督が三島由紀夫の小説を映画化した「春の雪」(2005年)でも、大楠さんの存在感はすごかったと思います。

安田道代時代の彼女は、女優として、一人の女性として変化しながらも、周りに流されることなく自分の道を歩んでいた。大楠道代時代の彼女には、変化ではなく女優として完成されたうまさがある。逆境の中でひたむきに我が道を進む、安田道代のような女性。それは鈴木敏夫が惹かれる、スタジオジブリ作品のヒロイン像と重なる気もするが?

それは分かりませんがね(笑)。実は「借りぐらしのアリエッティ」(10年)のときに、おばあさん役で大楠さんに声の出演をお願いしたことがあるんです。でも〝おばあさんの役は嫌です〟と丁重に断られました。僕は逆に、彼女らしいなと思って気持ちが良かったですね。年齢的な何かに自分を当てはめるのではなく、今を生きる女優としての自分を求め続けるブレない生き方。それは見事だと思いますし、僕にとって大楠さんはやはりいつまでも大事な女優さんなんです。

第十部　増村保造

鈴木敏夫は名古屋で中高生の頃から父親に連れられて大映映画をよく観た。中でも57本監督作がある増村保造と20本でコンビを組んだ若尾文子が好きで、彼女の主演作を観に映画館へ通った。しかし今回の連載で増村保造を取り上げるために改めて観直したとき、昔とは違った増村映画の魅力が見えてきたという。

リアルタイムでかなり増村作品を観ているんですが、ちゃんと通しで作品を観直したら、こんなに凄い監督だったのかと。僕は自分の不明を恥じました。言い訳をすると高校生のときは若尾さんの映画をエッチな作品だと思って観に行ったし（笑）、宣伝的にも谷崎潤一郎原作の「卍」（64年）なんかは若尾さんと岸田今日子さんのレズビアン的な部分とか、スキャンダラスなところで売っていたんです。その宣伝に乗っかって映画を観に行くと岸田さんの存在が怖かったりして、なんか違う感じがしたんですよ。だから当時は、本当の意味で映画の本質が見えていなかった。

僕は増村さんの監督デビュー作「くちづけ」（57年）をVHSのビデオテープまで持っているほど大好きで何度も観てきたんですが、今度初めて発見したのは、小説の世界では明治時代に夏目漱石が、近代的個人というものを作品によって皆さんに紹介したでしょう。でも日本映画では近代的個人を誰も描いてこなくて、増村さんが初めてそれをやったんだと思ったんです。ご本人が書いた文章を読んでも、それを意図的にやったと告白している。

最後の数作を除いて、日本にはない近代的個人を映画の中に最初から確立していた人で、しかもそれを男ではなく女を描くことでやり続けた。こんな監督はその後もいませんね。

増村保造は52年から55年まで、イタリア・ローマの映画センターに留学。同じ敗戦国でありながら、イタリア人の自由で明るい雰囲気に衝撃を受ける。縦社会に縛られた日本人とは違う、自分の意思を持って行動する欧米のような自由人を描こうと思って帰国した彼は、監督作の中でそれを実践していった。

最初に監督人生の流れを通しで言うとね、そんな増村監督が晩年には違った展開を見せるんです。それが「大地の子守歌」(76年)と「曽根崎心中」(78年)で、特に「大地の子守歌」に描かれているのはヨーロッパ的な近代的個人ではない。自己主張して絶対自分の意見を曲げない、日本的な近代的個人なんです。

この映画について増村監督は「これは自分の曲がり角になる作品だ」と言っていま

すが、なぜかと言ったら日本にこういう女性がいることを僕は知らなかったと。原作は素九鬼子さんですけれど、ここにはたった一人の身寄りだった祖母に死なれて女郎屋に売られて、虐待を受けながらも自分の生きたいように生きようとし、失明して最後にお遍路さんになっていく少女りんが描かれている。しかもこれは彼女の13歳から16歳までの話なんです。デビュー間もない原田美枝子さんがりんを演じていますが、その自己主張が強くて逞しくて、美しいヒロイン像。それは日本の女性でありながら近代的なんです。

僕はそんな女性の描き方の流れに、高畑勲さんがダブりました。高畑さんも大きく言うと女性が主人公の作品が多くて、しかも「アルプスの少女ハイジ」（74年）をはじめ、ヨーロッパ的な女性を描いてきた。でも途中から日本を舞台にするようになって、最後の「かぐや姫の物語」（13年）のヒロインは、自由奔放で自己主張が強いところなんてりんと変わらないんです。

それを思うとね。増村さんは86年に62歳で亡くなりましたけれど、もっと生きてほしかったなって。あの後にどんな日本の近代的な女性を描いたのか、本当に観たかったです。

近松門左衛門原作の「曽根崎心中」は、梶芽衣子演じる遊女・お初と宇崎竜童扮す

る商家の手代・徳兵衛との、一緒に死に遂げようとする強固な決意を描いている。

この映画で増村さんは、梶さんと宇崎さんに人形浄瑠璃(じょうるり)の人形のような〝お芝居〟をさせていますよね。梶さんがズッと目を開けている感じも含めて、登場人物の表情が少ない。それは人間じゃないものに命を吹き込んでいるようにも見えるし、僕にしたらアニメーションを人間でやっているように見えたんです。それによって増村さんは何を表現したかと言えば、お初と徳兵衛の意地と誇り。死ぬことによって、自分の意地を通す人間を映し出している。

人が一番大事にしているものを貫き通す強さと自由さ。それがこの作品にはあって、増村さんは背景となる元禄(げんろく)時代は、まだ日本に自由な雰囲気があったと書いている。でもそれは元禄で終わって、その後の日本は縦社会になっていったと。だからここには増村さんが求めていた、日本的な近代的個人が描かれているんです。だから僕には、この晩年の2作品が面白かったですね。

初期作品から一貫してそれまで日本映画にいなかった、ヨーロッパ的な近代的個人としての女性を描いた増村保造監督。その女性像を鈴木敏夫はどんな風に捉(とら)えたのだろうか?

監督第3作の「暖流」(57年)は、戦前にヒットした吉村公三郎(よしむらこうざぶろう)監督によるメロド

『キネマ旬報』1964年7月下旬号に掲載された「卍」の広告。増村が最初に手掛けた谷崎文学の映画化。若尾文子と岸田今日子という円熟味あふれる二人が、当時はタブーだった女同士の性愛を官能的に熱演する

ラマのリメイクです。ここには病院の経営立て直しを任された根上淳を挟んで、彼の恩人である病院長の令嬢役の野添ひとみと、病院の看護師・左幸子が彼のハートを奪い合う。

令嬢役の野添ひとみが本当に綺麗なんです。だから余計に、当時この映画を観た観客はショックだったと思いますね。当然、根上淳は最後に令嬢と結ばれるものだと思ったらそうじゃない。最初から最後まで、私は根上淳が好きだと主張し続ける左幸子が男を手に入れるんです。そのアピールの仕方が、駅の改札で「情婦でも二号でもいいから」と男に訴えるくらい凄いんですけれど、段々観ている方も彼女が愛おしくなってくる。

今の時代ならストーカーと言われそうですけれど、彼女は愛に関してバイタリティの塊で、ほんの一瞬の心のすれ違いで根上淳は彼女の方を選んでしまう。そうなったときに野添ひとみの令嬢はどうするか。母親に「私はこれで、オールドミスになる」というんです。でも本当にこの人は、その後そう生きただろうなと匂わせる終わり方をするんです。

だからこれはメロドラマではなくて、ある愛の現実を描いていると思いました。左幸子のヒロイン像は当時新しかったと思うし、女性の共感を呼んだんじゃないですか

大地の子守歌
だいち
こもりうた
〈カラー作品〉
だまされて赤いべべ着せられて
ここに売られた十六才の娼婦おりんの
地べたを這うような凄まじい生きざま!!
監督 増村保造
原作 素九鬼子〈筑摩書房刊〉
メインテーマ 加藤登紀子
脚本 白坂依志夫／撮影 中川芳久
音楽 竹村次郎／製作 藤井浩明・木村元保
原田美枝子
佐藤佑介
中川三穂子
堀井永子
千葉裕子
木村元
灰地順
賀原夏子
岡田英次
梶芽衣子（特別出演）
田中絹代（特別出演）
行動社・木村プロダクション作品
松竹株式会社配給

原田美枝子の迫真の演技が話題を呼んだ「大地の子守歌」（76年）。鈴木は少女りんのヒロイン像に、高畑作品にも通じる日本的な個人主義を感じるという。（『キネマ旬報』76年6月下旬号掲載の広告より）

ね。感情表現の仕方は極端ですけれど、誰もが野添ひとみのような令嬢ではなくて、左幸子のような境遇の人が圧倒的でしょうから。

中でも増村映画の女性像を、最もよく体現した女優が若尾文子だった。

増村さんが描く、自己主張して逞しく、しかも美しい女性。それは地に足が着いた存在感を持つ、若尾文子さんが一番似合っていました。

例えば「清作の妻」（65年）では、戦争にやりたくないので夫の目を五寸釘で潰す妻を演じている。一つ間違えばこの展開は漫画ですけれど、若尾さんが演じると説得力を持つ。「華岡青洲の妻」（67年）は江戸時代に全身麻酔の方法を確立しようとする医師の一家を描いていますが、若尾さんの妻と高峰秀子さんの姑が命の危険がある薬の実験台の座を競うんです。愛する人の心を摑むため、増村映画の女性たちは激しく自己主張して行動に出る。それが若尾さんがやるとリアリティを持つんです。

その頂点が「妻は告白する」（61年）で、ここでは若尾さんが若い川口浩のハートを射止めるために、自分の夫を登山中の事故に見せかけて殺してしまうんです。最後に川口浩の会社にやってきて、一緒になろうと迫ってそれが叶えられず、自殺するまでの場面。ここの若尾さんはその美しさも演技も素晴らしいですから、是非一度観ていただきたいです。

また増村保造には女性映画だけではなく、「黒の試走車(テストカー)」(62年)に始まる企業の内幕ものや、「兵隊やくざ」(65年)、「清作の妻」、「陸軍中野学校」(66年)、「赤い天使」(66年)と集中して作られた戦争映画がある。

今回観(み)直してショックを受けたのは、「陸軍中野学校」でした。

僕はこの映画を親父に連れられて高校生のとき初めて観て、面白くてシリーズになった5作品を全部観ているんです。その後も増村監督が撮った第1作を何度も観ていますが、今度初めて分かったのがね、普通、戦争映画に出てくる主人公は愛国者でしょう。でもここで市川雷蔵さんが演じた三好次郎には愛国心がないんです。次郎は日米の開戦が迫っている時代にスパイに選ばれて、その職務を淡々とこなしていくだけなんですね。その行動原理は、彼をスパイに選んだ加東大介(かとうだいすけ)との個人的な結びつきだけで、決して国を背負っていない。挙句の果てに彼は、任務のために許嫁(いいなずけ)である小川(おがわ)真由美(まゆみ)を殺さなくてはいけなくなる。その服毒死させるシーンが画(え)的にも凄いんですが、増村さんが作った戦争映画はどれも、登場人物が国と向き合っている作品ではないんです。

僕には勝新太郎さんの型破りな二等兵が軍隊の中で暴れ回る「兵隊やくざ」が国際的な映画祭に出品作として選ばれた時に、向こうで「これは日本陸軍を内部告発した映画だ」と言われて、「僕はそんなつもりで作ったんじゃない」と増村さんは否定したという記憶があるんですけれど、それは本音でしょう。増村さんが描きたかったのは戦時下という異常な状況の中にあっても、自分というものを見つめて考え、行動する個人だったと思います。

また「陸軍中野学校」や「兵隊やくざ」はヒットして、その後シリーズ化されましたけれど、娯楽映画の骨格を作るのも上手(うま)い監督だった。そういう増村さんの戦争映画と女性映画の面白さが出たのが、「赤い天使」だと僕は思うんです。

増村保造による個人の主張と行動が映し出された戦争映画。その中でも鈴木敏夫が最も感情移入した作品が、若尾文子主演の「赤い天使」(66年)だった。

今回いろんな増村作品を観直して、一番良かったのが「赤い天使」でした。僕はこの映画を学生時代、リアルタイムに観ているんです。その時には細部まで目が行き届いていなかった。今度観て感じたのは、そのリアリティなんです。

ここには太平洋戦争末期の中国大陸を舞台に、最前線の野戦病院に派遣された従軍看護婦の若尾文子さんと、軍医の芦田(あしだ)伸介(しんすけ)さんとの愛が描かれている。戦場での外科手術シーンが凄いんです。薬も器具も十分に整っていない戦地ですから、軍医は負傷した兵士の足や腕を切っていくしか方法がない。その足や腕を鋸(のこぎり)で切る音がリアルな

暖流　増村保造作品

「暖流」といえば、オールド・ファンにはなつかしい作品であろう。今から十八年前、二十八歳の気鋭の吉村公三郎監督の手になったこの作品は、主演の佐分利信、高峰三枝子、水戸光子の好演とともに今も語り草となっている。さてこの岸田国士の名篇を、大映東京撮影所で才気を買われている新進増村保造監督が再映画化しようというのだから興味がわく。脚本は第一作「くちづけ」、第二作「青空娘」と若々しいコンビぶりを見せる白坂依志夫。出演者もすっかり若返って根上淳、野添ひとみ、左幸子が、それぞれ倒れかかった病院を救う青年医師日疋祐三、院長令嬢啓子、看護婦石渡ぎんに扮している。ともかく名作のきこえ高い作品の再映画化というのは、旧作のイメージが残っているので至難中の難事と言われるが、これをおぎなって余りある若さが画面の上にあふれるならば、成功と言ってもいいのではなかろうか。大映カラー。（大映東京作品）

『キネマ旬報』1957年12月上旬号に掲載された「暖流」のグラビア記事。吉村公三郎監督の映画から18年ぶりのリメイクに、当時新進の増村監督をはじめ、根上淳、野添ひとみ、左幸子ら若さ溢れる布陣で挑んだ

んです。これが戦争の現実だという、決定版だと思いましたね。戦地では負傷した人間が物扱いされていく。芦田伸介は内地では腕のいい医者だったんだけれど、戦場ではそんな処置しかできない。その彼を支える若尾さんとの美しい恋の話になっているんです。

また若尾さんは、戦場にあんな綺麗な看護師がいたらそうなるだろうなと思うけれど、最初の方で兵隊に集団強姦されるんですね。けれども彼女は、そのことを屁とも思っていない。自分が酷い目にあったとしても、戦時下にあってはしょうがないことで、心の傷になっていない感じが出ているんです。そういう彼女の強さも、増村映画らしいヒロイン像ですね。

最後は野戦病院のある場所が激戦地になって、彼女一人が生き残るんですが、戦いが終わってそこらじゅうに転がっている屍の中から軍医を捜していく。状況的には異常だけれど、彼女の目と心はズッと軍医に向いているんです。そこも増村さんならではの女性だと思いました。

彼が映画の外科手術シーンがリアルだと感じたのは、自分の体験を思い出したからだ。

僕が就職して間もない頃、盲腸が破裂して慈恵医大病院で緊急手術を受けたことが

陸軍中野学校

増村保造 作品

■大映作品

　昭和十三年、わが国にはじめて諜報機関員を養成する学校が誕生した。のちに陸軍中野学校と呼ばれた、このスパイ養成機関には、日本各地の陸軍師団から優秀な青年将校が選び出されて、秘密裡に入学させられた。

　肉親との連絡はもとより、戸籍まで抹消されて厳しい訓練に耐えぬいた、陸軍中野学校第一期生の一人に焦点をあて、秘密戦士としての使命に青春のすべてをかけた若者を描く。

　主演は、久方ぶりに現代劇に出演の市川雷蔵。相手役には文学座の小川真由美が扮する。脚本は星川清司、監督は増村保造。

『キネマ旬報』1966年6月下旬号に掲載された「陸軍中野学校」のグラビア記事。市川雷蔵演じる主人公がスパイになるまでの過程とその悲哀が描かれ、娯楽性の高い後のシリーズから見ると異質な作品となっている

あるんです。その先生のやり方が、明らかに軍医でした。その時僕は麻酔が一切効かなくて、麻酔無しで手術することになったんです。そうしたら先生は16人助手を集めてきて、「お前は頭、お前は右腕」と的確に指示を出して、僕の全身を押さえつけさせたんです。助手が全員ポジションに着いたら、「さあ、切るからな」って。この状況は「赤い天使」とダブるでしょう（笑）。

それで手術が始まったんですけれど、何しろお腹の中が痛い。すると麻酔無しでもお腹にメスが入った瞬間は、痛くなかったんです。切られた所よりも中の方がもっと痛かったですから。手術の間も意識があるので、「今、どうなっているんですか」と聞いたら、「切っているんだよ」って言われて。

だから自分で体験してみて分かったけれど、手術されているときに、バカみたいに患者は騒がないんです。よっぽどのことがない限りね。その手術体験に匹敵する感じを、「赤い天使」は描いているんです。だから僕の個人的なこともダブって、この映画は特に印象が強くなりました。

「赤い天使」や「陸軍中野学校」が公開されたのは66年。この翌年、東宝で岡本喜八(おかもときはち)監督の「日本のいちばん長い日」が公開され、その年の日本映画興行収入ベスト・テンの第1位を獲得。ここから東宝では〝8・15〟シリーズと呼ばれる戦争大作が次々

に作られ、太平洋戦争の作戦を再検証する、出来事主体の戦争映画が増えた。片や増村監督は戦争を題材にすることをやめ、再び女性映画を主軸に置いて映画を作っていった。

増村さんは、そのころはもう学生ではなかったですけれど、60年安保の世代です。だから60年には、学生運動を題材にした「偽大学生」という映画も作っている。でもその熱い時代が終わると政治的なことや学生運動にうんざりして、自分の本来の目的である近代的個人を描く方向へと向かった。

これが高畑勲さんの場合は増村さんより11歳年下で、60年安保に間に合わなかったし、70年安保の時には歳を取り過ぎていた世代なんです。でもその時には高畑さんなりの政治的葛藤があって、いろんなものと向き合っていたと思うんですね。その世代が違う二人が最後の方には、ヨーロッパ的な近代的個人を通り抜けて日本的な近代的個人を体現した一人の女性を描く、「大地の子守歌」（76年）や「かぐや姫の物語」（２０１３年）を作る心境になっていった。そこが僕には興味深いですね。

増村さんに関して言えば幅広いジャンルの映画を作って、しかも女性の主人公像に関しては一貫していた。さらに僕が当時観た印象よりも、今観たほうが面白い。これだけ見方が昔と変わった監督はいなかったです。観直して古いと感じた映画もほとんどないし、かつて観た人も観たことがない若い人も、増村作品に触れてほしいなと思いますよ。

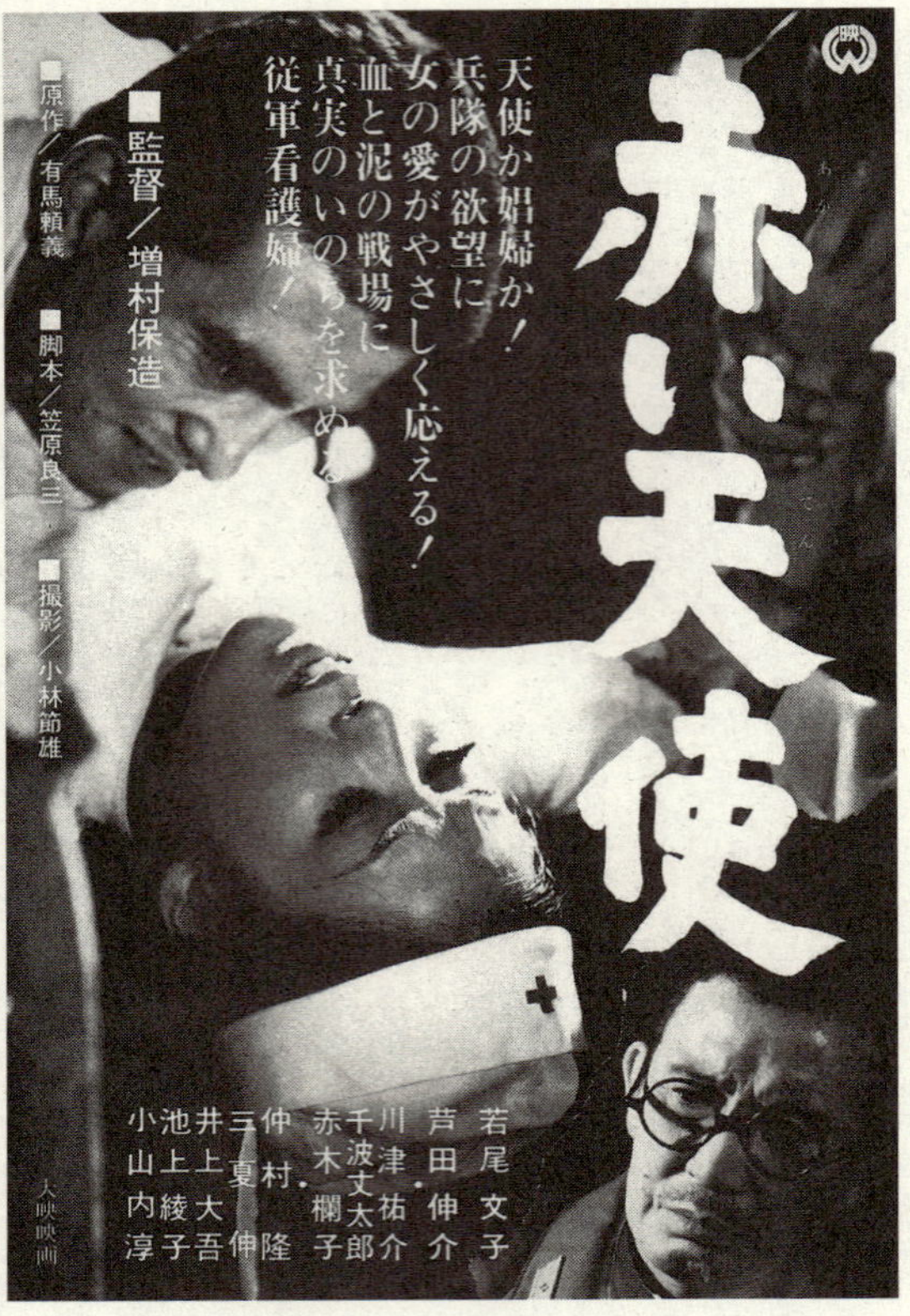

赤い天使
天使か娼婦か！
兵隊の欲望に
女の愛がやさしく応える！
血と泥の戦場に
真実のいのちを求める
従軍看護婦！
■監督／増村保造
■原作／有馬頼義
■脚本／笠原良三
■撮影／小林節雄
若尾文子
芦田伸介
川津祐介・千波丈太郎
赤木欄子
仲村隆・三夏伸
井上大吾
池上綾子
小山内淳
大映映画

『キネマ旬報』1966年9月下旬号に掲載された「赤い天使」の広告。日中戦争の極限状況下における壮絶な性と死を描いた、増村・若尾コンビの代表作。「天使か娼婦か！」というキャッチコピーも見事だ

『キネマ旬報』1962年7月上旬号に掲載された増村保造監督のグラビア記事。現場では、増村映画の登場人物さながらの、「行動が思考であり、思考が行動であるような」エネルギッシュな演出ぶりで知られた

第十一部　藤田敏八・浦山桐郎

70年安保闘争の真っただ中に大学時代を過ごした鈴木敏夫が、その学生運動の区切りがついた71年。一本の映画と出会った。それが藤田敏八監督による「八月の濡れた砂」である。

日本映画はどこも業績が酷い時期でね。特に日活は70年に大映と手を組んでダイニチ映配という共同配給会社を作ったけれどもうまくゆかず、71年8月25日に封切られた「八月の濡れた砂」と蔵原惟二監督作「不良少女魔子」（71年）の2本立てを最後に、一般映画の製作を止めるんです。そしてこの年の11月20日からロマンポルノへと大きく路線を転換した。だから「八月の濡れた砂」は、日活の終焉を告げる映画だったんですよ。

「八月の濡れた砂」は夏の湘南を舞台に、高校生の清と高校を退学した健一郎の、大人たちに反抗する無軌道な青春を描いた作品だ。

この映画は二つの意味で強烈に印象に残ったんです。

一つは舞台が湘南で、主人公は大人に反抗する青年二人でしょう。最後にヨットで海に出て、自滅していくような行動に走るところまで、石原裕次郎の主演第1作「狂った果実」（56年）を思わせるんです。日活は54年から戦後の映画製作を再開しましたが、会社として隆盛したのは裕次郎の登場からです。その日活が一般映画の最後に、「狂った果実」を彷彿（ほうふつ）とさせるこの映画を作ったことは象徴的でした。

それで「狂った果実」の裕次郎は湘南のお坊ちゃんでカッコいい存在でしたが、ここに出てくる清役の広瀬昌助（ひろせまさすけ）さんも健一郎役の村野武範（むらのたけのり）さんも当時は無名の俳優で、あまりかっこよくない。そこがリアルだったんです。

僕もその頃湘南へ遊びに行っていましたけれど、砂浜でギターなんか弾いて歌を歌っていると若いチンピラが寄ってきて、「お前ら、こっちへ来て演奏してくれないか。うちの親分が聴きたいと言っているから」と言われるんです。それで親分のところへ行ってギターを弾くと、ごちそうしてくれたりね。

湘南にはお坊ちゃんたちのセレブな青春もあったけれど、海の家が並んでいる辺りにはそういう筋者の人たちと僕らが一緒に過ごすような、独特の雰囲気があったんですよ。その感じをこの映画は捉（とら）えていました。

セレブな青春とは違った、庶民のリアル湘南の青春像。それともう一つ鈴木の胸に焼きついたのは、高校をやめて人生の目的を持たず、特別な理由もなく大人たちへ反

抗的にかみついていく健一郎の姿である。

70年安保が最高の盛り上がりを見せたのは68年の末から69年。70年になると大学生は学生運動の熱が冷めて、そこから学生たちは真っ二つに分かれていったんです。一つは学生運動は学生時代の思い出にして、さっさと就職活動に精を出す人。もう一つは学生運動の熱を引きずっている人です。その引きずった人がこの映画を観ると、作品の中にある若者の無軌道さや、作品全体が持つある種の退廃と倦怠感みたいなものまで、時代の空気を全部取りこんでいるようで、まさに自分にとって最高の映画に思えたんですよ。

また石川セリさんが歌うけだるい主題歌が良くて、僕は今も車を運転しているときに一番よく聴くのがこの曲なんですね。

このあいだ40代の男と一緒にこの映画を観て、観終わってから彼に感想を聞いたら「後味の好くない映画ですね」って言われたんですけれど（笑）、そういう意味では世代論抜きには語れない映画かもしれない。そうだとしても僕にとってはすごく大事な作品だし、これを作った藤田敏八監督は特別な存在なんです。

ただね、日活最後の一般映画というモニュメント的な作品でしょう。それなのに当時渋谷の日活の映画館に観にいったら、お客は3人だけ。誰も日活の映画なんて観なくなっていたんですよ。それで日活は映画の製作を一時止めて、11月からロマンポルノとして再スタートする。

一方僕は周りが就職しているのに、なかなか就職先が決まらなくてね。そうしたら学生時代、「子ども調査研究所」というところでアルバイトをしていたんですが、その所長・高山英男（たかやまひでお）さんの口利きで、産経新聞の試験を受けたんです。これが最終面接まで行ったんですが、最後の質問で「新聞の社会的責任についてどう思っているか」と問われた時に、若気の至りで「そんなものはないと思います」と反抗的に答えたんですよ。

これで産経新聞を落ちて、どうしようと思っていたら、他の新聞や出版業界の試験が終わった11月に徳間書店の募集広告が出て。これに応募して徳間書店に入ったんですが、その職場が新橋（しんばし）でした。当時の新橋には駅のガード下にポルノをやっている汚い映画館が3館ならんでいて、その内の1館が日活ロマンポルノのメイン館だったんです。ここで僕は、新たな藤田敏八監督作品と出会ったんです。

「八月の濡れた砂」（71年）を最後にロマンポルノへと路線転換した日活。その日活が久々に一般映画を上映した。それが藤田敏八監督の「赤ちょうちん」（74年）だった。

キネマ旬報ライブラリーより「八月の濡れた砂」（71 年）撮影中の藤田敏八監督（手前）

僕はロマンポルノになってからの日活映画もずっと観続けていたんですが、それは昔から観てきた一人としての義務みたいなもので。だから「八月はエロスの匂い」（72年）、「エロスの誘惑」（72年）、「エロスは甘き香り」（73年）と続いた藤田監督のロマンポルノ映画も観ていました。でもどれも面白くなくてね（笑）。

そんなときに日活が「赤ちょうちん」を出してきた。でもこれは、久しぶりの一般映画なのに上映するのはロマンポルノと同じ映画館なんです。お客さんは50～60人も入ればいっぱいの小屋で、しかも汚い。でも長年の日活ファンとしては、応援するためにも観に行こうと思いました。

僕が「赤ちょうちん」に惹かれたのは監督が藤田さんだったこともありますけれど、主演が秋吉久美子さんでしょう。彼女は斎藤耕一監督の「旅の重さ」（72年）に紺絣の着物を着て一瞬だけ登場するんですけれど、それが凄く印象的で好きだった。また「赤ちょうちん」でも、同じ紺絣の着物を着ている場面があるんです。これがファンとしては嬉しかったんです。

かぐや姫が歌う同名フォークソングをタイトルにしたこの作品は、秋吉久美子と高岡健二の若いカップルが、都内各地を転々と引っ越ししながら愛を深めていく話である。

かぐや姫の〈赤ちょうちん〉や〈神田川〉といったフォークソングはね、70年安保が終わって数年経った当時の僕らにとって、〝癒しの歌〟だったんです。だから気分的にもピッタリきました。

でも歌の内容は同棲している貧乏なカップルの生活ですよね。これを脚本の中島丈博さんは一つの場所に腰を落ち着けられない、引っ越し貧乏のカップルの話にして、歌とは直接的に関係のない独自の文学的な作品にしていた。そこが面白かったんです。

実はかぐや姫の歌をモチーフにした作品では「赤ちょうちん」が3月23日に公開されて、その直後の4月6日公開で東宝が出目昌伸監督で「神田川」を作っていますけれど、こっちは全然好きになれなかった。歌の内容とは違うけれど、その世界観は「赤ちょうちん」の方がよく出ていたと思いました。

映画の中で秋吉さんが演じたヒロインは鶏肉が食べられない。それが後半で気が触れたときに、鶏肉をむさぼるように食べるシーンも印象的でした。この頃の秋吉さんは現実感のない女性で、そこが何とも言えず魅力的だったんです。その彼女に振り回されて、相手の高岡健二さんは引っ越しをし続ける。彼は〝俺は何でこんなことをやっているんだろう〟と思うわけですが、そのやるせなさが当時の僕らの気分だったんです。この映画によって秋吉久美子という特異な女優を引き連れて、僕の好きな藤田監督が帰ってきた感じがしました。

藤田監督と秋吉さんのコンビは「赤ちょうちん」から、「妹」（74年）、「バージンブルース」（74年）と続くんですけれど、後の2本は脚本が内田栄一さんなんです。そうするとどうしても話が観念的になってきて、中島さんの文学性とは雰囲気が違っていた。また秋吉さんも「妹」では林隆三さん演じる兄貴との関係性がまだ良かったんですけれど、「バージンブルース」になると彼女が持っている現実感のない不思議さが、空振りに終わっていました。だから僕の中で藤田監督と秋吉さんは、凄く限定された時期に光り輝いたコンビだったんです。

その後も僕は藤田監督の映画を追いかけましたが、「八月の濡れた砂」や「赤ちょうちん」のような、時代の気分を丸ごと掬い取った作品とはめぐりあえませんでした。

ある映画が、観た人間の人生と図らずもリンクしてしまうことがある。それが鈴木敏夫にとっての「八月の濡れた砂」であり、「赤ちょうちん」だった。そういう映画が彼の中には他にもあった。それが同じく日活の、浦山桐郎監督作「私が棄てた女」（69年）だった。

僕は浦山監督のデビュー作「キューポラのある街」（62年）と「非行少女」（63年）を中学生で、「私が棄てた女」を大学生の時にリアルタイムで観ました。

「キューポラのある街」は、吉永小百合さん主演の青春映画という色を強く感じましたね。あれで衝撃的だったのは吉永さん演じるジュンの弟の同級生が、北朝鮮へ帰る場面。日本人の母親を置いて、父親と子供たちだけで北朝鮮へ向かうんですが、彼らは夢と希望を持って北朝鮮へ行くんです。でもなぜ家族が別れなければならないんだろうと思いました。

「非行少女」は他人と決して馴染(なじ)まない、ある非行少女を描いた作品ですが、このときの強い目をした和泉雅子さんがすごく良かった。

しかしやはり、僕が一番影響を受けたのが「私が棄てた女」でした。

遠藤周作(えんどうしゅうさく)の小説を原作にした浦山桐郎監督の「私が棄てた女」は、美人な専務の姪(めい)と婚約している河原崎長一郎演じる自動車会社のサラリーマン・吉岡が、学生時代に遊びで付き合って捨てた女・ミツと再会。彼女が苦しい生活を送っていることに責任を感じた彼は、婚約者以上にミツへと気持ちが傾いていく、という物語である。この映画のどこに鈴木敏夫は惹かれたのだろうか？

この映画の主人公・吉岡は、60年安保闘争に挫折(ざせつ)した男なんです。その彼の姿は70年安保の最中にいた自分の、今とこれからにダブりました。この中に大学時代は一緒に吉岡と学生運動をしていたのに、現在は仕事で出世することにしか興味のない友人役で、江守徹さんが出てくる。ああいう手のひらを返したように生きる人間が僕の周りにもいて、リアルでしたね。片や吉岡は、仕事にも恋にもどこか居心地の悪さを覚えている。友人のような変わり身が出来ない男なんです。その焦燥感や虚しさ、怒りを露わにした吉岡役の河原崎長一郎さんが素晴らしいんです。

僕はこの映画をリアルタイムに観ていて、今度久しぶりに観直しましたが、長らくいい作品だと思っても観直せなかったんです。それは心情的に自分の胸がえぐられるような気がして、観るのがしんどかったからなんですよ。それぐらい最初に観たときのインパクトが強かった。

社会人になった吉岡とミツが再会するのは五反田なんですけれど、その影響で僕は五反田に引っ越すんです（笑）。その後「男はつらいよ・寅次郎忘れな草」（73年）を観たときに、浅丘ルリ子さん演じるマドンナのリリーが、水商売をしている母親に会いに行く場所が五反田だったんですよ。しかも山田洋次監督は「私が棄てた女」の吉岡とミツの場面と同じようなアングルで、この母子のシーンを撮っていた。そんなことまではっきり覚えているくらい、この映画は印象に残ったんです。

仕事をこなし、周りからうらやましがられるような婚約者までありながら、社会のレールに乗って生きる自分の現状に鬱屈を抱える吉岡。鈴木にとって彼が社会と自分

の関係性をダブらせた存在だったとすれば、ヒロインのミツはどんな存在だったのだろうか？

　吉岡の婚約者・マリ子を演じているのは浅丘ルリ子さんなんですけれど、彼女は美貌（びぼう）も知性も家柄もすべて持っているんです。一方の小林（こばやし）トシエさん演じるミツは、顔だちもパッとしないしスタイルも悪いし、知性もそれほどない。その彼女が吉岡と再会して、ある時二人は久々に結ばれる。そこをミツの友人の情夫が盗撮して、吉岡を強請（ゆす）ろうとするんです。これに気付いたミツは、友人と情夫のいるアパートに乗りこんで盗撮した写真のネガを奪って焼き、情夫に追い詰められてアパートの窓から転落死する。その窓から落ちる瞬間、ミツはフッと笑うんですよ。この笑い顔がスローモーションで強調しているわけでもないのに、強烈に記憶に残る。ミツは誰のためでもない、吉岡のために飛び降りるんです。これは無償の愛ですよね。

　ミツが死んだ後、マリ子からミツとはどんな女性だったのかと問われて、吉岡は「彼女が持っていたのは優しさだけだ。それ以外、何も持っていなかった」と言うんです。それを聞いた、他はミツが持っていないものをすべて持っているマリ子の怒り。あのシーンは良かったです。

　僕は個人的にミツの系統の女性たちが嫌いじゃない。どこか陰影を湛（たた）えながら、他

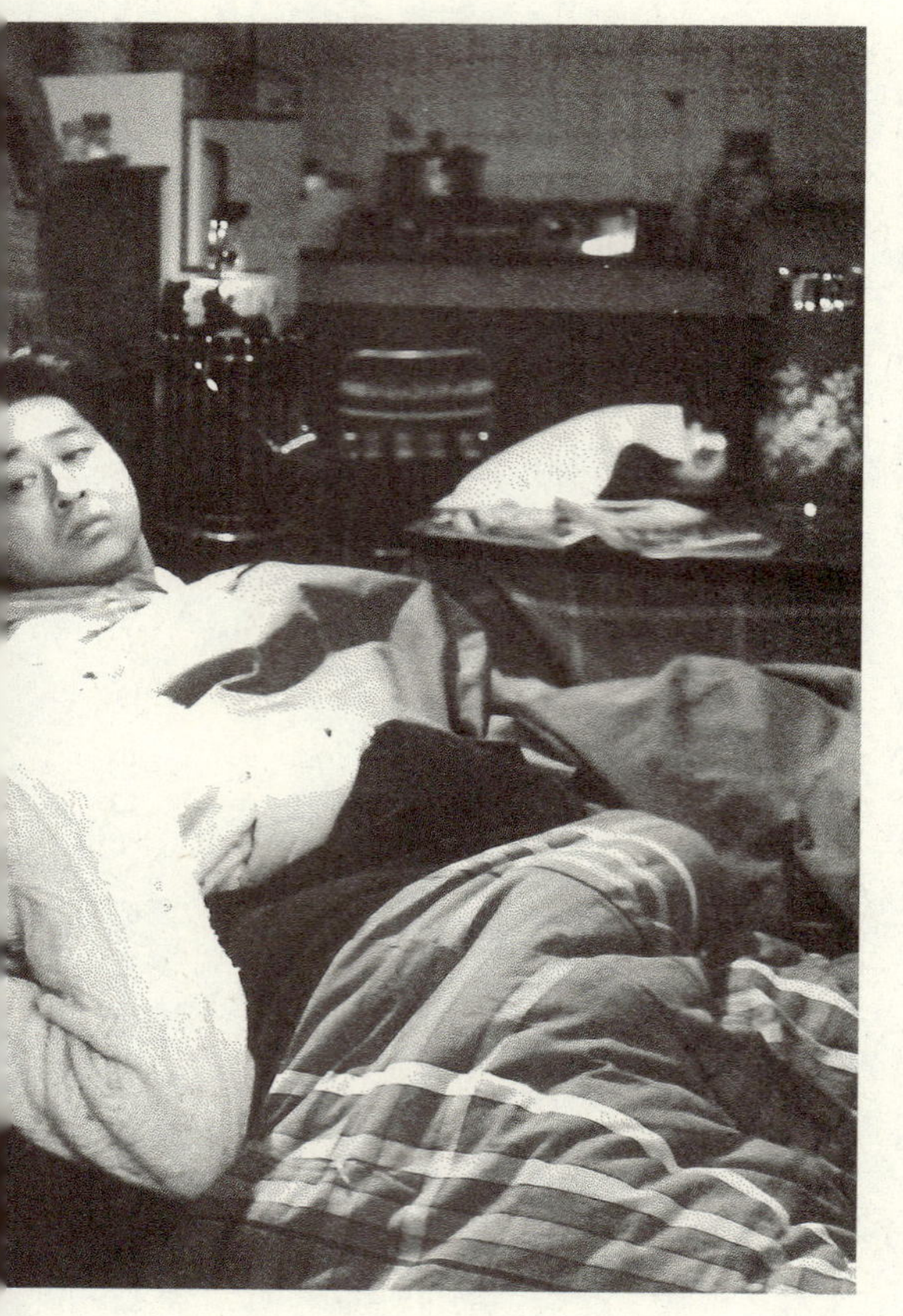

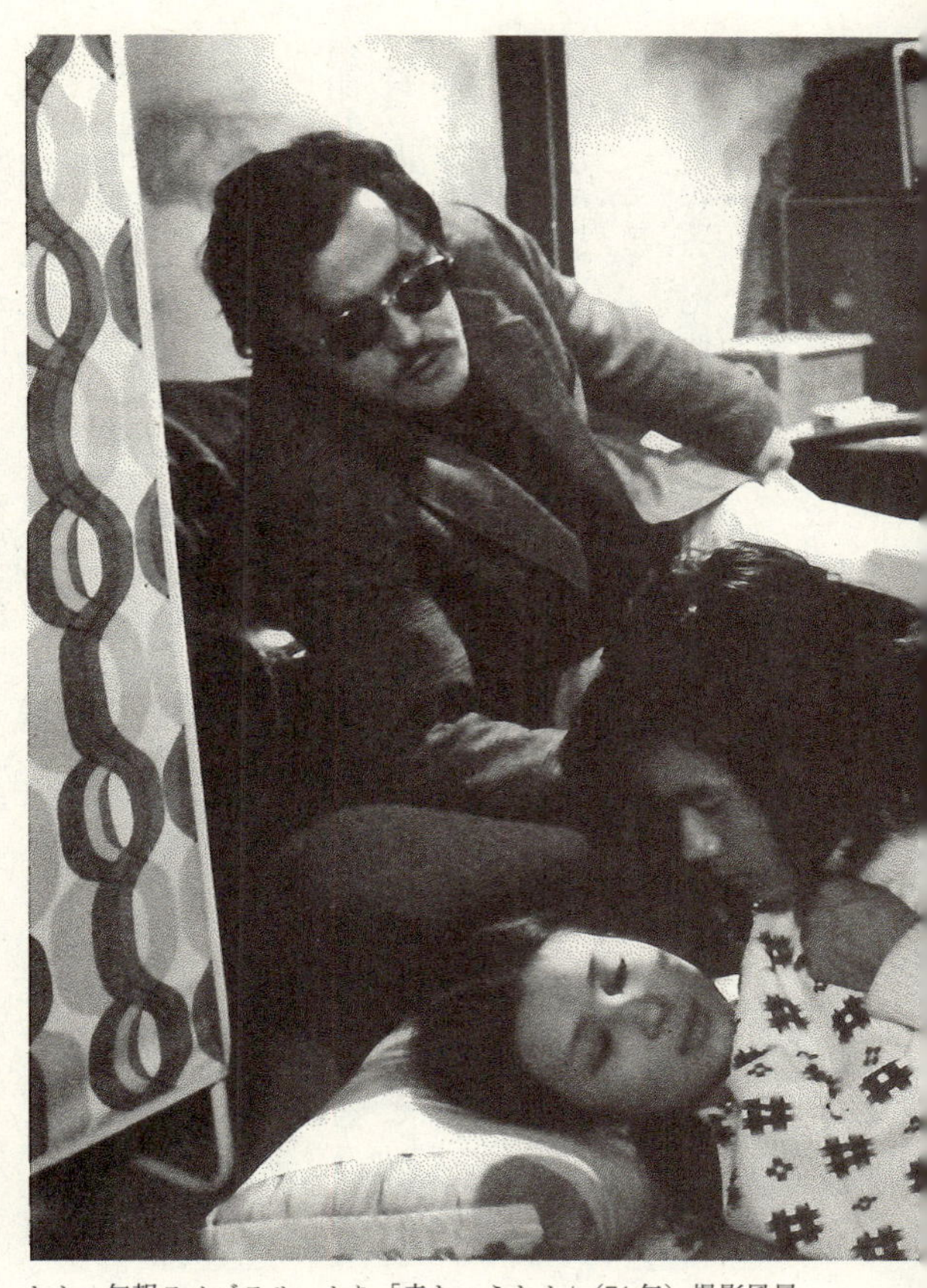

キネマ旬報ライブラリーより「赤ちょうちん」（74年）撮影風景。左から藤田監督、秋吉久美子、高岡健二、長門裕之。当時まだ新人だった高岡、秋吉を起用し、青春のさすらいを描き出した意欲作

者に無償の愛を傾ける女性。具体的に言えば江利チエミさんがそうだったと思うんです。高倉健さんが彼女のことを好きになったのは、そういう部分だった気がするんですよ。

浦山監督の「私が棄てた女」も藤田敏八監督の「八月の濡れた砂」（71年）も、鈴木敏夫が大学生から社会人になっていく人生の分岐点の時代に、彼の心の深部に触れた作品となった。

世の中に陰と陽があるとしたら、浦山監督も藤田監督も〝陰〟の部分をフィルムに刻印した人だと思うんですよ。二人とも夢とか希望だけ言葉で言い合うような、嘘っぱちの青春映画は作らなかった。もっとリアルな青春を、極端な形で描いたと思うんです。

例えば浦山監督はその後、五木寛之原作の『青春の門』を2部作（75年・77年）で映画にしました。そこに描かれた主人公の伊吹信介は人生と格闘する原作の人物像と違って、モラトリアムな青年なんです。すると描かれている時代は50年代なのに、映画の信介はまるで僕ら自身のような今の青年に見えました。そんな人間の捉え方が浦山監督らしいと思ったし、リアルだったんですよ。

ただ二人の監督が映し出したリアルは70年代で終わってしまうんですけれど、彼らの映画はある時代を生きた人間の真実を描いている。こういう青春映画もあったんだということを、多くの人に知ってもらいたいですね。

当時のプレス・シート

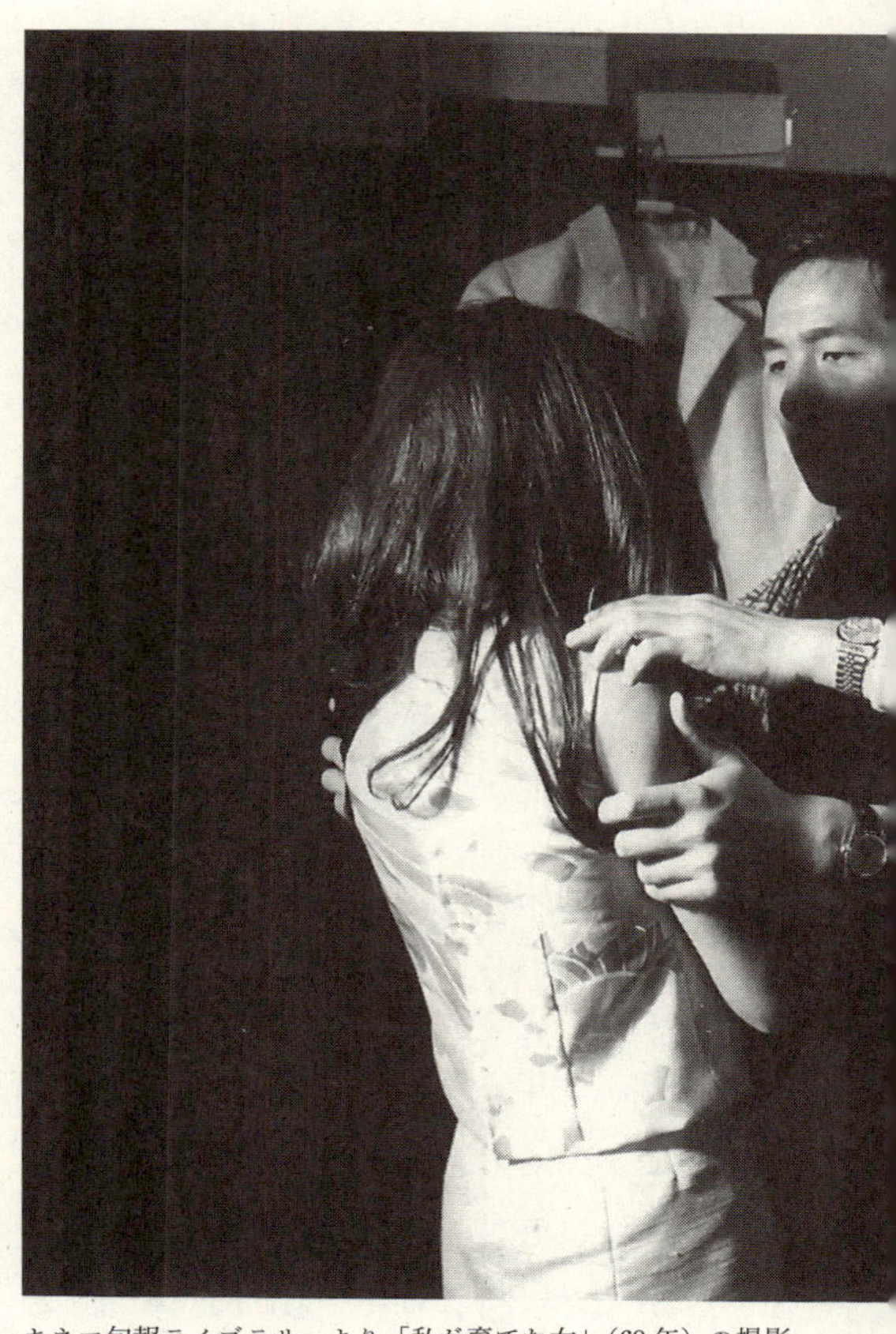

キネマ旬報ライブラリーより「私が棄てた女」(69年)の撮影風景。主人公・吉岡を演じる河原崎長一郎(中央)と、浦山桐郎監督(右)

第十二部　市川雷蔵

かつてCSで放送された市川雷蔵の出演作全158本をすべて録画している鈴木敏夫。〝これを最初から順番に観るのが、老後の楽しみ〟と彼は語るが、そこまで彼の心を捉えた市川雷蔵の魅力とは何なのか。彼は雷蔵が「花の白虎隊」（54年）で映画デビューして間もない頃から作品を観ていたそうだが、その頃には市川雷蔵のことはそれほど好きではなかったとか。そんな雷蔵の見方が大きく変わったのが、山本薩夫監督による雷蔵の主演作「忍びの者」（62年）だった。

「忍びの者」は全8本のシリーズ（62～66年）になったんですが、特に第1作はこれまで15回以上観ている。それくらい僕には強烈だったんです。内容自体が面白くて、2年後に放送された品川隆二さん主演のTVドラマ版（64～65年）も大好きでした。高校に入ると村山知義さんが書いた原作小説も買って、大学に入って上京するときにもその本は持っていったんです。でも友達に貸して、そのまま返してくれなかったので今手元にはないんですけれど。あの本だけは返してほしいです（笑）。

映画は大スペクタクル・シーンはあるし、忍者の首領を一人二役でやった伊藤雄之助(すけ)さんの怪演も面白いんですが、僕はこの作品によって社会の構造を教えられた。戦国時代を背景に、伊賀(いが)にある忍者の里に暮らす下忍・石川五右衛門が、首領の百地三太夫(ももちさんだゆう)のために働いていく。でも三太夫はもう一つの忍者の村では藤林長門守(ふじばやしながとのかみ)と名乗って二つの忍者軍団を操り、彼らに技能を競わせているんです。忍者社会は上下関係の規律が厳しく、最下層の下忍は一生その身分で働くしかない。でも三太夫に目をかけられた五右衛門はそこから這(は)い上がれると思うけれど、三太夫の罠(わな)にはめられて泥棒をしなくてはいけなくなり、三太夫の掌(てのひら)の上で動かされていく話です。

僕はこの間第1作を30代のA君、B君と観直したんですが、彼らは観終わって呆然(ぼうぜん)としていました。彼らとはそれまでに雷蔵の出演作を何本も観ていたんですが、この作品はかなり強烈な印象を残したらしい。A君は「自分が下忍であることを思い知らされました」と言うし、B君は「衝撃の作品です」と疲れきった顔で感想を言うんですよ。五右衛門は、自分が置かれている現在の姿だと。ここには今の格差社会がまざまざと映し出されていて、他人(ひと)ごとではなくものすごく身近なものに感じたようなんです。確かに搾取というものをあれほどわかりやすく面白く描いた作品は、そうはないと思います。

鈴木敏夫は中学生の時に第1作を父親と一緒に名古屋の映画館へ観に行ったが、思

い返せば父親が「忍びの者」を好きだった理由が、今になって分かる気がするという。

僕の親父は既製服の製造・販売をしていましたが、最初はある商社に勤めていた。親父はその商社へエスカレーター式に入社する学校に通っていて、選択の余地なく商社に入ったんです。でも満足できなくて独立して会社を興したんですが、自分が作った服を元いた商社へ卸す立場になった。前は商社側にいてあれこれ注文を付けていたのが、今度は商社の人間から言われた一言で商品を作り直すなんてことがざらにある。そんな経験があったから、親父にとっても「忍びの者」は他人ごとではなかった気がするんですよ。

また「忍びの者」は彼に、作品の見方に違った視点を与えてくれた映画でもある。

僕は慶應義塾大学時代、演劇論の授業も取っていたんです。そこで劇作家の内村直也(うちむらなおや)さんが、社会主義者だったドイツの劇作家・ブレヒトが唱えた〈異化効果〉を教えてくれました。それは演劇で、観客が登場人物や物語に感情を同化せず、距離を置いて批判的に観察することを求められる技法のことなんです。その視点で大学の時に名画座で「忍びの者」を観直したらね、市川雷蔵の五右衛門には前半部分、まったく感情移入できないんです。

彼は三太夫を頭から信じ切って頑張る。それが自分は罠にはめられたと知って、一番最後に自由を勝ち取るんですが、要はラストで初めて主人公になる話なんですよ。

山本薩夫監督は左翼思想の人でしたが、テーマ性を持ちながら娯楽映画に仕上げるのが上手(うま)い。だから全部を異化効果でまとめるのではなく、最後にちゃんと観客にサービスして五右衛門を娯楽映画の主役にして終わらせているんですけれど、「忍びの者」は実はそういう作品だったのかと思いました。

後に僕は、押井守(おしいまもる)の映画をこれと重ね合わせました。押井守も異化効果が大好きな人ですから。

また「忍びの者」で市川雷蔵さんはノーメイクで虐げられる下忍を演じたんですが、スターでありながらこういう役に挑戦する雷蔵さんが大好きになったんです。

作家・柴田錬三郎(しばたれんざぶろう)が創造した、武家の娘の日本人と転びバテレンの外国人との間に生まれ、無敵の〝円月殺法〟を振るう浪人・眠狂四郎は、後に何人もの俳優が演じたが、雷蔵こそが極め付けである。中学生から大学生にかけて、リアルタイムにシリーズ作品を観た鈴木敏夫も、その魅力に惹(ひ)かれた一人だった。

僕はシリーズ全12作を各々10回以上は観ているんですが、今回初めて順番に観直しました。それで気になったのが、市川雷蔵さんが演じた眠狂四郎の人物像ですね。人間らしさがかけらもない。ここまで完璧(かんぺき)なニヒリストを表現した俳優はいないと思い

忍びの者

山本薩夫作品

九字を切ればパッと姿が消え、また火遁、水遁の術を用いて大活躍するスーパーマン――忍術使いは、過ぎし日のアイドルとして、だれの胸にも深く焼きつけられている。この映画は、この忍術使いし忍者を主人公に、非人間性に徹した忍者という異様な存在にメスを入れ、それを通して、人心がく私謀略活動など、今日にも通ずる問題を描く異色作である。原作は村山知義、脚色は高岩肇。本誌十月上旬号所載。独立プロにあって数々の問題作を放っている山本薩夫がメガホンを握っているのが注目される。主演は市川雷蔵に伊藤雄之助が顔を合わせる異色作。大映京都作品

『キネマ旬報』1962年12月上旬号に掲載された「忍びの者」（62年）のグラビア。山本薩夫監督による大映作品で、公開されるや大ヒット。映画界に“忍者”ブームをまきおこした

ます。その源流には原作者の柴田錬三郎さんもエッセイに書いていますが、中里介山原作の『大菩薩峠』に出てくる机龍之助がある。龍之助のニヒリストの部分を狂四郎は受け継いでいるし、観直すと雷蔵さんの狂四郎は、子どもや乙女のような純粋な存在には優しさをのぞかせる。純粋なものに弱いところも机龍之助と同じなんです。ただ大人になってから観ると、そのニヒリズムの極みとも言えるキャラクターが面白いんですけれど、当時は違った興味で作品を観に行っていました。

原作小説もそうだが、「眠狂四郎」シリーズが人気を得たのは狂四郎のニヒルなキャラクターと剣豪としての無類の強さ。それに加えて妖艶（ようえん）なエロティシズムにあった。

「眠狂四郎」シリーズの宣伝の仕方はね、とにかくエッチなイメージで売ったんです。例えば第2作「眠狂四郎 勝負」（64年）では、冒頭で女スリが狂四郎の財布を掏（す）ろうとする。すると狂四郎は刀を抜いて、その女の着物だけ全部切っちゃうんですが、切られた着物が宙に舞う。それで女スリは全裸になって逃げていくんですけれど、その場面だけ繰り返して宣伝に使うんです。そうすると当時10代だった僕はゾクゾクするわけですよ（笑）。期待して映画を観に行くと、その場面は最初にちょっとあるだけなんだけれど。

それだけにエロの部分を彩る、女優たちも大きな魅力だった。

男優賞

市川雷蔵

一見、歌舞伎俳優の映画転向は容易に見えて、これほどむずかしいものはない。その中にあって、雷蔵の転身はまことにあざやかであった。29年デビュー以来生れながらの映画スターの如く水にかえった魚の感がある。更に初の現代劇、「炎上」の出演により、彼の内面的成長がなみなみならぬものであることを示し、見事男優賞の金的を射止めた。

若き日の市川雷蔵。1954年に「花の白虎隊」で映画俳優デビュー。1958年度キネマ旬報ベスト・テンにて男優賞を受賞したときのもの

第4作「眠狂四郎 女妖剣」（64年）に隠れキリシタンの尼さん、びるぜん志摩役で登場する久保菜穂子さん。彼女は第2作、第9作、第12作にも違う役で出ていますが印象的でしたね。特に第4作では尼さん姿が似合って、妙に色っぽかったです。

第11作「眠狂四郎 人肌蜘蛛」（68年）で将軍の妾腹の娘・紫を演じた緑魔子さんもよかった。この作品ではその兄・家武に扮した川津祐介さんとの近親相姦を匂わせる女性なんですが、家武役の川津さんの狂気の演技も上手い。

またエロティシズムとは違うんですが第2作、第8作、第12作に出ている藤村志保さんは、女優として僕は大好きでした。

シリーズの中で一番好きなのは、第2作「眠狂四郎 勝負」だとか。

これは将軍の娘・高姫が、幕府の財政を切り詰めようとする勘定奉行・朝比奈の命を狙って刺客を差し向ける。それに朝比奈の人柄に惹かれた狂四郎が、勝手に用心棒を買って出るという話ですけれど、朝比奈に扮した加藤嘉さんと狂四郎の雷蔵さんとの関係性がいいんです。最初は狂四郎に興味を持った朝比奈が彼について歩いていくと、狂四郎は「ついてくるな」という。これが後半は朝比奈が狙われていると知って、逆に狂四郎がついていくようになる。その年の離れた男同士のべとつかない友情がいいんですね。

この第2作の頃はまだ狂四郎には他人への感情が見えますけれど、それがシリーズが進むにつれてニヒリズムが強調されていくんです。

作品の魅力とは別に市川雷蔵その人に目を向けると、作品を重ねるごとに増していくニヒリズムの表現には凄みすら覚える。

ところが若い人たちに「眠狂四郎」シリーズを観せたらね、彼らは受け付けないんですよ。あまりに人間味がないから。狂四郎は、まったく生きる目的を持たない男です。この世に生を受けてしまったから、とにかく生きていかなくてはいけない。それだけしか彼にはないんです。そこが今の若い人が観るとだめらしい。

確かに狂四郎は人間として、いかがなものかというところまで行っている気がします。でもね、シリーズが生まれたのは高度経済成長の時代でしょう。みんな上昇志向があって、前向きに生きようとしていたと思うかもしれないけれど、一方ではその中で窒息状態を感じる人もたくさんいた。だから対極の生き方をする狂四郎が、映画でも小説でも、人気を博したと思うんです。

またそれを演じたのが市川雷蔵さんだったから、ピッタリときた。あの人は、前向きに生きる人間を演じるタイプの俳優ではなかったですからね。

市川雷蔵が三隅研次監督と組んだ「斬る」(62年)、「剣」(64年)、「剣鬼」(65年)

は、俗に〝剣3部作〟と呼ばれる彼らの代表作である。いずれも独自の美学を貫こうとして生きる主人公が、美学を全うしようとするがゆえに滅んでいく姿を描いた作品群だ。

今回観直して、僕は三島由紀夫原作の「剣」が面白かったんです。他の2本は何度も観直してきたんですが、「剣」は久々に観て、こんなにいい映画なのかと思いました。大学の剣道部の主将である雷蔵さんが、ストイックに剣の道に生きようとするんだけれど、その彼のやり方に反抗する部員たちに彼の純粋さを求める精神が受け入れられなくて、自殺してしまう話なんです。昔観たときは、この主人公は馬鹿じゃないかと思いました。でもこれは三島由紀夫の原作の精神性を忠実に映画化していますね。

また主人公の生き方を認めずに、女と遊んだり悪さをする敵役の川津祐介さんがいい。雷蔵さんを誘惑するように川津さんにそそのかされる美人の女子大生に扮した藤(ふじ)由紀子(ゆきこ)さんも魅力的です。雷蔵さんはそんな誘惑とか批判を浴びながらも、強固に純粋性や自分の規律を死守して生きる主人公を見事に演じています。

ただ三隅監督は、そんな三島文学の美学をあまり好きではなかった気もします。ラストで主人公の死につじつま合わせの説明を加えていますから。でもその最後の手前までは、凄く面白いんです。

『キネマ旬報』64年12月下旬号に掲載されたシリーズ第4作「眠狂四郎 女妖剣」のグラビア。強烈なエロティシズムに加え、狂四郎の円月殺法が少林寺拳法や伊賀忍法と対決するなど、娯楽性が際立つ一作

「斬る」は中学の時に観たんですが、いつもは親父に連れられて一緒に観るのに、これは独りで映画館へ行ったんです。というのもこれで雷蔵さん演じる剣士・高倉信吾は、旅先の旅籠で万里昌代さん扮する女性と出会う。彼女は追われている弟を逃がすために、全裸になって追っ手たちの前に立ちはだかり、斬られて死ぬんですけれど、この全裸になる場面が予告篇に使われていたんです。そこをどうしても独りで観たくて(笑)。

この映画は何と言っても、主人公と柳永二郎さんがやった大目付・松平大炊頭との主従関係がいいんです。高倉信吾は大炊頭の護衛に雇われるんですが、やがて二人は親子のような絆で結ばれる。そして二人は周りが敵だらけの水戸藩に乗り込んでいき、大炊頭が殺されて主人を守れなかった信吾は切腹するんです。

柳永二郎さんは東映の時代劇では、単純な悪役を演じることが多いんですが、ここでは信吾に対して父性もにじませた奥深い人間像を表現していて素晴らしいですね。武家社会の不条理を描いた「剣鬼」もいいですし、この〝剣3部作〟はどれも大好きです。

市川雷蔵の出演作を俯瞰して観て思ったことがある。それは他の同時代の映画スターが対大衆や、対時代に目を向けて自分の魅力を発散するように表現したのと違い、

眠狂四郎無頼剣

三隅研次作品　■大映配給

市川雷蔵主演の眠狂四郎シリーズ第八作は伊藤大輔が構想も新らたに、特異なオリジナリティで狂四郎と対決して脚本を執筆、円月殺法を縦横無尽に活躍させる。今回は江戸全土を炎の海と化して己の野望をとげようとする暴徒一味と対決する。雷蔵の狂四郎に対する浪人には久しぶりに天知茂が出演。そのほか藤村志保が女芸人に扮して艶をそえている。

暗い出生の秘密を持ち、虚無と無頼の中に身を置く主人公像が、雷蔵のキャラクターと見事に合致。出色のシリーズを誕生させた。（『キネマ旬報』66年12月上旬号に掲載のシリーズ第8作「眠狂四郎 無頼剣」のグラビアより）

剣

三隅研次作品

剣（けん）という変った題名のこの作品は、三島由紀夫同名の書きおろし小説の映画化。目先の幸福を追求するあまり、理想を失い勝ちの現代の若い世代に対して、精神と肉体の強靭を同時にもとめる剣を対比させたあたりは、三島文学ならではのもの。このシナリオ（脚色・舟橋和郎）は本誌三月上旬号に掲載してあるのですでにお読みの方も多いことと思う。演出にあたるのは重厚なタッチでスケールの大きな作品を放っている三隅研次監督。そして、主人公の大学生国分次郎には〝忍びの者〟〝眠狂四郎〟と、ここのところつぎつぎと時代劇のヒーローに扮している市川雷蔵が久々の現代劇出演で張り切っているほか、川津祐介、長谷川明男、河野秋武、藤由紀子といった異色のキャスト。大映京都作品

『キネマ旬報』64年3月下旬号に掲載された「剣」（三隅研次監督）のグラビア記事。市川雷蔵が久々に挑んだ現代劇で、精神と肉体の鍛錬を同時に求める剣の道を、さまざまな誘惑に囚われる同時代の若者の在り様と対比させた、三島文学ならではの一作

雷蔵は時代劇、現代劇を問わず常に自分と向き合って役を演じている感じがするということだ。その彼の〝個人〟が浮かび上がってくる魅力が、雷蔵が時代を超えて愛されている要因の一つだと思ったが？

雷蔵さんが持つ、個人として確立している個性。これも魅力としてわかるんですが、僕の見方は違いますね。

例えば石原裕次郎さんが登場してきたとき、周りはこれで日本映画は変わると思った。それまでの映画スターは時代劇の俳優主体で、みんな顔が大きくて足が短かったでしょう。でも裕次郎さんからは足が長くて八頭身のスターが出てきた。これで日本映画も生まれ変わって外国映画に伍することができると思ったんです。そんな時に雷蔵さんは、古い日本を守ったスターだと思うんです。

彼が演じた役は決して前向きな人物ではなくて、どちらかと言えば後ろ向きの役が多かった。だけれどその人物像は、彼が歌舞伎役者出身ということもあるけれど、日本へのこだわりと結びついてホッとさせるものだったんです。60年代に入るともう東映ではチャンバラ映画が廃れて、プログラムピクチャーとしてのチャンバラは大映しかなくなっていました。それをやりながら雷蔵さんは「炎上」（58年）や「剣」といった三島由紀夫原作の文芸作品もやった。裕次郎さんをはじめ、同世代の若手スター

剣

原作　三島由紀夫
（講談社版）
脚本　舟橋和郎
監督　三隅研次
撮影　牧浦地志

誘惑の風を切って剣の心に生命を賭けた一学徒の異常な生涯を描く！

市川雷蔵
・
藤　由紀子
川津祐介
長谷川明男
・
河野秋武
紺野ユカ
小桜純子
角梨枝子
秋葉義男

『キネマ旬報』64年3月下旬号に掲載された「剣」の広告

はアメリカに代表される欧米のファッションやライフスタイルに寄っていったけれど、雷蔵さんは最後まで〝折り目正しい〟日本人を演じていた気がするんです。

僕が雷蔵さんに今でも惹かれるのは、そんな雷蔵さんが持っているものが、僕の親父が持っていた考え方とか在り様に通じていたからだという気がしているんです。その雷蔵さんが守った日本的な何かは、今の人が観ても胸に響くものがあると思うんですよ。

第十三部　樹木希林

鈴木敏夫と樹木希林。一見接点のなさそうな二人だが、樹木希林が「借りぐらしのアリエッティ」（10年）に、お手伝いのハルさん役で声の出演をしたのをきっかけに、彼らは不思議な縁で結ばれた。今回は鈴木敏夫が実際に会って感じた樹木希林観を中心に、18年9月に亡くなってからも多くの人に影響を与えている、彼女の魅力を探っていく。

僕が樹木希林さんというか、前の芸名・悠木千帆さんを意識したのは、ＴＶの『七人の孫』（64〜66年）ですね。これは森繁久彌さんがＴＶの連続ドラマに初出演した作品で、当時50歳の森繁さんが明治生まれで70歳の頑固爺さんを演じ、加藤治子さんと大坂志郎さんが大正生まれの息子夫婦、勝呂誉さん、島かおりさん、松山英太郎さんなど6人の昭和生まれの孫まで一緒に暮らす、大家族を描いたホームドラマでした。ＴＢＳ系の月曜夜8時からナショナルの1社提供で放送されたんですけれど、この『ナショナル劇場』はそれまで30分枠だった。僕はこの枠のドラマが好きで、石原慎太郎原作で勝呂誉さん主演の『青年の樹』（61〜62年）や、勝呂誉さんと島かおりさん主演の『箱根山』（63年）を楽しみに観ていたんです。それで1時間枠になった一発目が『七人の孫』でしたが、これは大型ホームドラマの先駆けになった作品です。大家族ものでは、三宅邦子さんと野々村潔さんが夫婦に扮した『マンモス家族』（62〜64年）がフジテレビ系で前に作られていますが、この『七人の孫』が決定打になって、TBSでは大型ホームドラマが主軸のひとつになっていくんです。このドラマが人気を集めたのは、当時すでに核家族化が進んで、家族というものがバラバラになり始めていた。でもこのドラマは家族の素晴らしさを謳い上げて、ある種の郷愁を誘った。言い方を変えればファンタジーとして家族を描いたわけですが、その家族の幻想を70年代に入って山田太一さんが、『それぞれの秋』（73年）から家族の真実を描いて打ち消していくんですけれどね。

最初から横道にそれましたが、樹木希林さんは『七人の孫』に、お手伝いのおトシさん役で出演したんです。このドラマには勝呂誉さんや島かおりさんなど、TVドラマで人気を得た若手スターが多かったんですが、樹木さんは文学座にいた舞台女優で、抜擢されて加わったんですね。その頃、樹木さんは21歳だったそうですが、ベテランの森繁さんを相手に東北弁でずけずけものを言う。頑固爺さんの森繁さんと対等にしゃべって、それに森繁さんは快感を覚えると。そんな関係性が面白くて、また樹木さんは何を言っても嫌みがなくて爽やかだったんですよ。新聞やＴＶの芸能ニュースでも取り上げられるのは全部樹木さんで、確かに存在が目立っていた。僕が彼女を意識したのはこれが最初でしたね。

ＴＶで人気を得た樹木希林は、映画にも進出。デビュー作は大映の新人女優・安田道代主演の「殿方御用心」（66年）だった。

僕は安田道代さんが大好きだから映画を観に行ったんです。安田さんは新聞部に所属している女子大生で、樹木さんはその親友。二人は当時はやっていた『女子大生亡国論』の反証を探して取材をしていくうちに、安田さんは石坂浩二さん演じる男子学生に、樹木さんは中谷一郎さん扮する新聞記者に惹かれていくという青春映画でした。樹木さんはお茶目な女子大生役で、印象に残りました。また主役の安田さんを立てて脇に控えている。その控え方がうまかった。僕はこの映画が大好きで、曽野綾子さんの原作『キャンパス１１０番』も買って読みましたね。その後樹木さんは安田さんと、70年代に二人で芸能事務所を立ち上げるんですけれど、その原点はこの映画にあったと思います。また僕が会った印象ですが、お二人には共通する人間的な強さを感じます。おそらく気が合ったんじゃないですかね。

翌67年、鈴木敏夫は慶應義塾大学に入学して上京。ここで樹木希林は、彼の興味の

名古屋
Nagoya
22
殿方御用心

鈴木氏が曽野綾子の原作も好きで読んでいたと語る「殿方御用心」。左から荒木一郎、悠木千帆（樹木希林）、安田道代、石坂浩二
©KADOKAWA 1966

対象から外れていく。

そこから樹木さんは『時間ですよ』（70〜73年）を始め、主にTVドラマで活躍していくんですけれど、大学に入ると家にTVもなかったですからね。すっかり彼女のことは忘れていたんです。『時間ですよ』はたまに観ていましたが、あのドラマでは主演の森光子さんの方が目立っていました。樹木さんは銭湯の従業員・浜さん役で、堺正章さんや若手女優と『トリオ・ザ・銭湯』としてコントを演じていたりしましたが、やはり堺さんに目が行ったし、第3シリーズから入った新人の浅田美代子さんの方が気になりましたね。

存在は知っていたが、さほど注目していなかった樹木希林に、彼の目が再び向いたのは高畑勲が監督した「平成狸合戦ぽんぽこ」（94年）を作るときだった。

あの映画で清川虹子さんが声を演じた狸のおろく婆さん。高畑さんはあの役を樹木さんにやってほしかったんです。でも頼んだけれども、やってくれなかったんですよ。その時は「アニメーションをやるのは、自分は違うと思う」というのが断りの理由で、僕は意外に思わなかった。それが後に、僕が東海テレビの『戦後70年　樹木希林ドキュメンタリーの旅』（15年）に出演した時、樹木さんとその話題になって本当の理由がわかったんです。彼女は「私は政治的作品には出たくないと思った」と言いました。

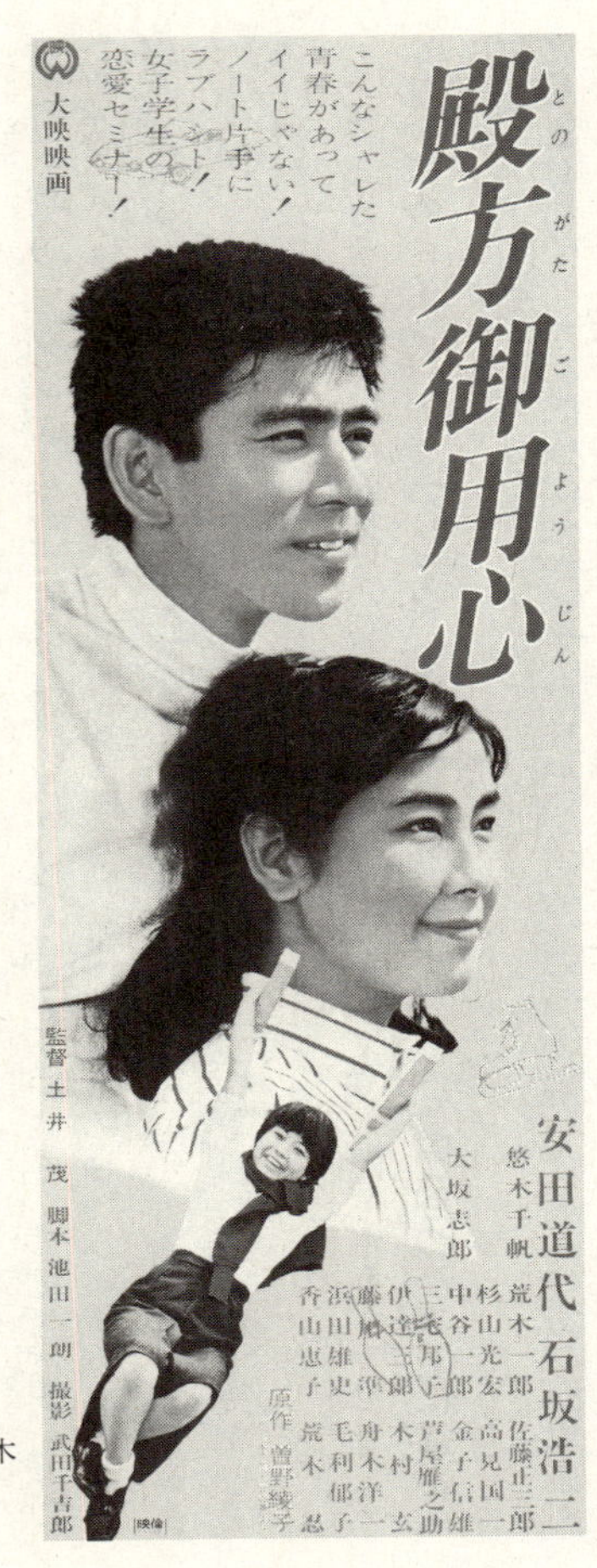

殿方御用心
とのがたごようじん
こんなシャレた
青春があって
イイじゃない！
ノート片手に
ラブハント！
女子学生の
恋愛セミナー！
大映映画
安田道代 石坂浩二
悠木千帆
大坂志郎
荒木一郎 佐藤正三郎
杉山光宏 高見国一
中谷一郎 金子信雄
三宅邦子 芦屋雁之助
伊達三郎 木村玄
藤巻潤 舟木洋一
浜田雄史 毛利郁子
香山恵子 荒木忍
原作 曽野綾子
監督 土井茂 脚本 池田一朗 撮影 武田千吉郎
映倫

当時の立て看板。悠木千帆（樹木希林）の映画デビュー作である

つまり樹木さんは「ぽんぽこ」に政治色を感じたんですね。「私が作品をやる基準としてね。政治だけは嫌なのよ」とその時におっしゃっていました。では、なぜ「借りぐらしのアリエッティ」は出演を一発OKしてくれたのか。あれは人間の家の下に住む小人たちの物語で、これには政治はないだろうと。それで「アリエッティ」の時、僕はジブリのスタジオでやった声の収録に全部立ち会ったんですけれど、あのハルさん役はすごくうまくて、とてもよかった。ほとんど直しもなかったので、あっという間に収録は終わったんです。「エッ、これでもう終わりなの」ということになってね。その間、樹木さんとは一緒に昼食を食べたりして親しくなっていたんですけれど、「鈴木さん、ここから東久留米(ひがしくるめ)って近いよね。私、東久留米に忘れられないラーメン屋があるの。これから二人で行かない」と誘われたんです。話してみて彼女と気が合ったので、ちょっと迷ったんですけれど、結局僕は行くのをやめた。これで彼女との縁は切れたと思いました。

ところがその5年後、東海テレビが戦後70年を記念して作ったドキュメンタリー・シリーズのメインパーソナリティーを樹木希林が務め、その最終回のゲストに鈴木敏夫を指名したのである。

最初は戦争について僕が何か語るのはいかがなものかと思ったんですが、樹木さんのたっての頼みということで引き受けたんです。東海テレビのプロデューサー・阿武野勝彦さんが言うには、戦後70年がテーマだけれども、ほかの話をしてもらっても全く構わないと。それで『七人の孫』のことなんかも話したんですが、この時ジブリにいらっしゃった樹木さんは、宮崎駿と会うんですよ。実は宮さんは僕よりも樹木さんのことを知っていて、二人とも車好きなんですね。同じシトロエンに乗っていたこともあって、話が盛り上がる。それでこの収録の後、僕は東小金井のジブリから恵比寿の仕事場へ帰る用事があったので、自宅に帰る樹木さんを車で送ることになったんです。

ドライブの間中、鈴木は樹木希林から質問攻めにあったとか。

いろんな話をしたんですが、あるきっかけで「鈴木さん、モテるでしょう」と樹木さんが言ってきたんです。僕が「それは自分の口からは、何とも言えないですよ。なんで、そんなことを言うんですか」と聞くと、「私には、そういうのがわかるのよ」って。僕が「でも僕も年を取りまして、実は最近腰が痛いんです」と答えたら、「腰が悪いんじゃ、ダメよね」って言われて（笑）。そこから車の話になってね。樹木さんは家に車が3台あると。車というのは動かさないとダメになるんだと言うわけです。「私の日課は、3台の車をそれぞれ1台30分。車の性能が悪くならないように、毎日運転するのよ。それが私にとっての娯楽なの」と言っていました。ご自宅までお送りしたら、「鈴木さん、この後は」と聞かれたので、「ちょっと、仕事が入っているんで」と言って、この時は別れたんです。

この直後、鈴木敏夫は樹木希林から長い直筆の手紙をもらっている。鈴木もまた、長い返事を返した。

それで今度こそ縁が切れたと思ったわけですが、1年半後にまた東海テレビから、今度は東海テレビが作ったドキュメンタリー映画「人生フルーツ」（17年）を観て、そのコメントをいただきたいという依頼があったんです。愛知県に住む老夫婦、建築家の津端修一（つばたしゅういち）さんと英子（ひでこ）さんの日常を描いたこの作品はとてもいい映画で、僕もお手伝いしたいと思っていましたから引き受けたんですけれど、コメント撮りの当日。僕が仕事場の『れんが屋』に行くと、そこに樹木さんがスタッフと一緒に登場したんです。「樹木さん、どうされたんですか」と聞いたら、「鈴木さんの仕事場が見てみたくて。私、人の家を見るマニアなのよね」と言って、仕事場のトイレから台所まで全部見て回ってね。その結果、本当は僕の単独取材だったはずが、ほとんど樹木さんとの対談番組になってしまったんです。『樹木希林のジブリとばあば』（17年）というタイトルで放送されたこの番組で、僕は「人生フルーツ」に関してもしゃべらせてもらいましたが、宮さんや高畑さんについてもしゃべって。映画のナレーションを担当した樹木さんは、出演された英子さんと個人的にお付き合いがあって、今度はどこかで英子さんも一緒に会えるといいわねとおっしゃって、この時は別れました。

『借りぐらしのアリエッティ』を含めて、三度出会った二人。四度目の出会いは叶わず、樹木希林は18年に亡くなった。だが二人の縁は、それで終わったわけではなかった。

亡くなった翌年の秋に、阿武野プロデューサーから連絡がありました。「実は今、樹木さんの一周忌番組を作っています。そのナレーションを担当してほしい」と。何で僕なんですかって、阿武野さんに聞きましたよ。だって樹木さんには、親しくされていた方がいっぱいいらっしゃったわけじゃないですか。僕である理由がわからなかった。でも阿武野さんは「生前、樹木さんは鈴木さんとは相性がいいとおっしゃっていたし、それは僕らが見ていてもわかった。だからナレーションをやるとしたら、鈴木さんしかいないと思ったんです」と言うわけです。すでにナレーション原稿を、僕を想定して当て書きしていると。そこまで言われるとね。またこれは一周忌の番組でしょう。こういうものを断ると罰が当たるんじゃないかって、真剣に思いました。それと実は、樹木さんが亡くなった時にお別れ会のお知らせをいただいて、出席するかどうか迷ったんです。行ったら行ったで、TV局のレポーターなどに何か聞かれても嫌だなと。心の中で手を合わせていればいいだろうと思って、その時は行かなかったので、このナレーションをやるのは、僕にとって樹木さんに対する供養だとも思いました。そんな思いで本番に臨んだんですが、僕がしゃべり始めたら、ディレクターがよくわからない要望を出してきたんですよ。そこでピンと来て、「あなたが何を言いたいか。僕が翻訳すると、要するに普通にしゃべると僕の声は暗いと。もっと明るくしろということですか」と言ったら、向こうはしどろもどろになって(笑)。だから努めて明るく一所懸命にやらせてもらいました。そうしたらその後はほとんど一発OKで。だから樹木さんとは、自分が観てきたTVや映画とはまた違うところで、会う機会を与えられ、縁で結ばれた不思議な関係でした。

ここまで彼が樹木希林と出会った時の体験談をレポートしてきたが、女優としての彼女を鈴木敏夫はどう思っていたのだろうか。

最近観直して、樹木さんがいいなあと思ったのは「はなれ瞽女おりん」(77年)です。これは篠田正浩さんの監督作ですが、篠田さんの最高傑作だと思う。物語は厳しい掟がある目の不自由な女旅芸人・瞽女の戒律を破って男と関係してしまった岩下志麻さん扮するおりんが、集団からはじき出された〝はなれ瞽女〟になって、一人で旅を続けるうちに原田芳雄さん演じる脱走兵と恋仲になるんですけれど、その男とも離れ離れになってしまう。再び一人になったおりんが出会うのが、同じはなれ瞽女である樹木さん演じるたまなんです。芸だけで生活できないはなれ瞽女は、男に身を売りながら旅をするしかない。でもおりんは愛する人がいるので、それができないんですけれど、たまの方は自分の境遇を受け入れて男に身を任せているんですね。正直言うと、岩下さんよりも樹木さんの方が僕にはリアルな存在に見えました。またおりんとたまはある時、原泉さん演じる老婆から、生まれつき目の見えない孫娘を瞽女にしてほしいと頼まれる。でもはなれ瞽女になったたまは、その子を引き取るとは言えないわけです。それで老婆と孫娘は身投げして死んでしまう。そこにも、弱い存在であるはなれ瞽女の哀しみが出ていました。その後、おりんは善光寺の縁日で恋人と再会する。ここで恋人と抱き合って喜ぶおりんの背後で、「おりんちゃん、幸せにね」と言いながら、消えるように去っていく樹木さんが素晴らしいんです。また後に樹木さんが左目を失明したことを思うと、光が当たるとうっすらと見えるこのたまは、ちょっと象徴的な役柄でしたね。

「はなれ瞽女おりん」もそうだが、樹木希林はＴＶや映画で、肉体的、精神的にコンプレックスを抱える、弱者を好んで演じた。毒舌を吐くキャラも多かったが、それは

弱者の鬱積した心の叫びを表現していたともいえる。その彼女は03年には網膜剝離によって左目を失明、05年には乳がんが見つかり、以後は闘病しながら女優業を続けた。体力的なこともあってTVの連ドラの仕事は減り、映画女優としての活躍が目立っていく。2000年代の彼女は、映画の名女優としての地位を確立していったが、図らずも肉体的に本当の弱さを持ったことで、長年培ってきた弱者への想いが実感を伴って演じる役に憑依したかのようだった。この映画女優・樹木希林の活躍を、鈴木敏夫はどう見ていたのか。

晩年は是枝裕和監督の映画に続けて出演されていましたけれど、僕にとっては是枝さんの映画は難しくて、うまく言えない部分があるんです。それでも家族が集まった1日の出来事を描く「歩いても　歩いても」（08年）は樹木さんもよかったし、「万引き家族」（18年）はカンヌ国際映画祭でパルム・ドールを獲る前に観て、これは面白い映画だなと思いました。何と言っても安藤サクラさんが良かったです。「海よりもまだ深く」（16年）は、樹木さんのダメ息子を演じた阿部寛さんがダメ息子に見えなくて。そこがうまく出ていたら、母親の樹木さんがもっと生きた映画になったと思いましたね。

晩年の樹木さんの映画で絶品は、河瀬直美監督の「あん」（15年）ですね。暗い過去を抱える永瀬正敏さん扮するどら焼き屋の店長の前に、樹木さん演じるあん作りの名人のおばあさんがフラリと現れる。このおばあさんがハンセン病なわけですが、それを彼女は事々しく無く演じているんです。あの演技は素晴らしかった。映画自体で僕がひとつ思ったのは、あのおばあさんは国立のハンセン病療養所のひとつ『全生園』からどら焼き屋へ通っていたんですね。ところが病気のことが周りに知られて店に客が来なくなり、彼女は店をやめる。それでいつも店に通っていた女子高生と店長が、『全生園』を訪れるんですよ。実は僕、『全生園』に何度も行ったことがあるんです。あの中には生活に必要なもの、スーパーや郵便局、銀行、宗教なら教会からお寺、神社まで、何でもコンパクトに揃っている。ハンセン病の方たちは長い間、社会から差別を受けていて、あの中ですべて暮らせるようにしてあったんですね。でも河瀬監督は、そういった人たちの生活の部分には興味はないんだなって。やりようによってあの映画は、人間の暮らしと言うものを、もっと浮き彫りにする作品にできたと思うんですけれど。そこが惜しいなと思いました。でも女子高生を演じた樹木さんのお孫さんもいいし、永瀬さんも絶妙の存在感を出している。だからあの映画が晩年にあって、樹木さんは本当に幸せだったと思いましたね。

また鈴木敏夫は樹木希林のことを、観念の女優だったと見ている。

2016年7月16日(土)~2017年5月(予定)

東海テレビが制作したドキュメンタリー映画「人生フルーツ」について話す二人。収録時間は大幅にオーバーしたという。鈴木氏の仕事場『れんが屋』にて

演じる役がお手伝いさんとか普通のおばあさんが多かったから庶民派のように思われますが、僕は彼女の本質はそうじゃないと思います。樹木さんは22歳の時に文学座で知り合った岸田森さんと結婚して、25歳で別れていますよね。その当時、60年代の演劇界では観念的な演劇論を戦わせることがはやっていて、彼女もその洗礼を受けたでしょうから、根っこに観念論があったんだと思うんです。東海テレビの番組で、30歳の時に結婚して、いつ帰って来るかもわからない夫の内田裕也さんの部屋を家に作ってあると言っていました。でもその部屋には湯舟がない。なぜかと聞いたら、「ロックンローラーは、湯に浸かるもんじゃないわよ」と言うんですよ（笑）。それって彼女が、旦那も観念で捉えているということじゃないですか。

　それと僕が覚えているのは、森光子さんに「もののけ姫」（97年）に出てもらった時、収録の合間に話したら、森さんは演出家の品定めをしないと言うんです。作品は映画なら監督、舞台は演出家のものであって、どんな作品に出る時にもその人が一番偉いんだと思って、演出家の意向に沿って自分は芝居をすると。そんなことをおっしゃったんです。そういう心構えだから、森さんはどんな作品にもはまるんだなと思いました。それに対して樹木さんは、やはり演出家の品定めをする方だったと感じるんです。だから自分が気に入った演出家だと言われた範疇でやるんだけれど、そうじゃない場合は作品の完成度を壊すようなこともやってしまう。そんな気がしたんです。いろんなものを観ていくと樹木さんの観念が前に出すぎた作品は、もうひとつうまくいかない。そうではなく、初期の「殿方御用心」とか「はなれ瞽女おりん」のように、作品の中での自分の居方をわきまえている時の演技が、とてもいいんです。役者というのは、その辺のバランスが難しいものだと思いますよ。でもそんないびつさを抱えているから樹木さんは面白い人だったと思うし、ある特異な印象を人に与える人だったのかなと僕は思うんです。不思議な縁でしたが、樹木さんという人と知り合えて、僕は本当にありがたかったなと思います。

特別対談　大楠道代×鈴木敏夫

２０１９年３月２日、『映画のまち調布シネマフェスティバル２０１９』の特別企画として、『青春時代の撮影所』と題した鈴木敏夫と女優・大楠道代のトークショーが行われた。調布はかつて大楠道代が活躍した日活と大映の撮影所がある、彼女にとっては女優のルーツになった場所。少年時代から彼女のファンだった鈴木敏夫は、この日が憧れの人との初対面だった。二人が青春時代の映画の思い出を語ったトークショーの模様を採録する。

鈴木　今日初めて大楠道代さんと会えて、すごく光栄なんです。僕にとっては、特別な日かなと。なんでかと言ったら僕は、大楠さんが安田道代と言っておられた時代からの大ファンでしたからね。だから今日は、安田さんと呼ばせてください。「僕は、あなたのファンです」と言って、その人の前に行くというのは、僕は苦手なんですよ。でも今日は、先ほど楽屋でお目にかかったら、本当にいい方だったのでよかったなって（笑）。

大楠　私もトークショーをほぼやったことがないんですが、鈴木さんが私のことをずっと書いておられるものを拝見しまして、いつかお目にかかってご挨拶したいと思っていて。今日こういう機会をいただけて嬉しいです。

鈴木　楽屋で伺ったらご自分が出た映画を、ほとんど覚えていないとおっしゃったので、どうしようかなって。

大楠　すごくたくさん撮っていた時もありましたから覚えていないのと、やりたくてやったんじゃなくて、やらされていた作品もありましたから。おかげさまで話題になった作品やヒットした作品はいろいろあるんですが、あまり覚えていないんです。好きな作品もそんなにないし。

鈴木　そんな中でも好きな映画を教えてください。

大楠　最近になって、この映画好きだったなと思ったのは、珍しく東映で1本撮った「博奕打ち　いのち札」(71年)ですね。

鈴木　僕はその映画をリアルタイムに観ていまして、東映の映画に安田さんが出演される。しかも共演が鶴田浩二さんでしょ。ものすごく期待して観に行って、その期待が裏切られなかった。

大楠　ああ、そうですか。

鈴木　僕もその世代ですから、東映で作ってきたやくざ映画っていっぱい観たんです。

他の会社のものもね。それでこの作品が、僕の中ではベスト1なんですよ。

大楠　そうなんですか。

鈴木　安田さんがよかった。その一点でベスト1。だから嬉しかったですよ。僕は安田さんがデビューしたての頃から出演作をずっと観てきて、突然東映の映画に出演なさるというのでね。ものすごく期待しました。その頃は日本映画が落ちぶれてきた時代でね。そんな中で安田さんのことが、本当に大好きだったんです。細かい話をすると、安田さんが載った週刊誌のグラビアも切り抜いて集めていました。「座頭市海を渡る」（66年）の時には、当時は週刊誌でもTVでも映画ニュースというのがあってね。そこで全部クローズアップされていたのが、安田さんなんですよ。そのグラビアをきちんと切り抜いて、ファイルしていましたよ。

大楠　ありがとうございます。私は自分の雑誌の記事なんかは、全部捨てちゃうので。ひとつも残っていないんです。何をしゃべったかも覚えていなくて、鈴木さんの方がよくご存じでしょうね。

鈴木　『週刊朝日』の表紙に載った写真があって、これがいいんです（笑）。それで「座頭市海を渡る」はシリーズ14作目なんですが、「座頭市」がマンネリになってきていたんです。そこに安田さんが入ることで、もう一度シリーズが蘇（よみがえ）ったんです。僕は

映画のまちとして毎年開催されている『調布シネマフェスティバル』。写真上は楽屋での2ショット。写真下は、右から鈴木敏夫、大楠道代、司会者の調布シネマフェスティバル実行委員長である佐伯知紀

〝市が斬られた！　しかも相手は、かよわい娘！　今度ばかりは勝手がちがう！　抜きさしならぬ仕込杖！〟という映画のコピーまで覚えています。当時は映画を公開する時に新聞にでかい広告が出るんですけれど、そのコピーが印象的で。

大楠　座頭市を初めて斬った役なんですよね。

鈴木　そうなんです。それでお伺いしたいんですが、今日『映画のまち調布シネマフェスティバル』で上映される「玄海遊俠伝・破れかぶれ」（70年）。僕はこの映画も好きなんですけれど、その中でも安田さんは、勝新太郎さんを斬っていますよね？

大楠　それ、覚えていないんです。今日、もう一度観てみないといけない。

鈴木　勝新太郎さんが別の女性と結婚したことで、自分の想いが裏切られたと思った安田さんの馬賊芸者・おりんが階段の上から刀で斬りつけるんです。勝さんは黙って斬られて頭から血を流すんですが、おりんは斬っても惚れた弱みで、彼を殺すことができない。

大楠　全く覚えていないんですよ（笑）。

鈴木　映画は観ているほうが覚えている。人生、そんなものですよ。人に対していろいろ言うじゃないですか。言った方は忘れるけれど、言われた方は忘れないですからね。

大楠　演じた方は忘れるんですよね。いろいろ他にもやっているから。私も他の人の映画だと、印象に残っているものがいっぱいあるんです。でも自分の作品でショックを受けるくらい、覚えているものってそんなにないですから。それに、私は自分が出た映画を試写の時に一回しか観ないんです。

鈴木　それは僕も少しわかりますね。僕もプロデューサーとしていろんな作品に関わって来たでしょう。でもゼロ号か初号の試写を観たら、二度と観ませんから。だから人に、細かいことをいろいろ言われると困っちゃうんですよね。覚えていなくて。

大楠　そんなものですよね。

鈴木　伺いたいんですが、安田さんは映画の世界に入りたくて、入ったんですか？

大楠　いえ、違います。私は大阪に住んでいたんですが、たまたま日活の舛田利雄監督とプロデューサーが関西にいらして、お目にかかって。それで東京の調布にある日活撮影所に連れてこられたんですけれど、行けば石原裕次郎さんに会えると思ったんですよ。その頃、裕次郎さんの大ファンでしたから。それで裕次郎さんと一緒に写真を撮って、宍戸錠さん主演の「河内ぞろ・喧嘩軍鶏」（64年）という映画を1本やって、すぐに関西へ帰ったんです。そうしたらこれがシリーズになって、「河内ぞろ・あばれ凧」（65年）にも出演しまして。公開は前後しましたが、その後に吉永小百合さん主演の「風と樹と空と」(64年)に出て、もういいやと思って。「これで充分です」と言って関西へ帰ったんですよ。最初は裕次郎さんに会えればいいやって思っていましたから、声をかけられたのが日活じゃなかったら、女優になっていないと思います。

鈴木 その後に大映へ入ったんですね。

大楠 大学に通うと言い出したんですが、その時に勝新太郎さんから、大映に入るお話をいただいたんです。実はその前に日活でやった時にね。関西から東京へ連れていかれたから、調布の大映撮影所のすぐ横にあった旅館に泊まって、日活撮影所に通っていたんです。そこに大映の素晴らしいキャメラマン、宮川一夫(みやがわかずお)さんも泊まっていらして、「道代ちゃんは日活よりも大映の方が合うから、大映へおいで」と言ってくださっていたんですよ。

鈴木 大映との縁を感じますね。

大楠 そうなんです。それで勝さんに誘われて大映に入ったんですけれど、デビューするにあたって、大映の永田雅一(ながたまさいち)社長が私の芸名を三つほど持ってこられました。それは姓名学の先生に付けてもらったというんですが、「俺が一番気に入っているのはこれだ」と社長がおっしゃったのが〝ハラミチエ〟だったんです。この名前で一生いくのは嫌だなと思って、この名前にするんだったらやらないって。

鈴木　ハハハハ。

大楠　本名でいかせてくれるんなら女優やりますって言いまして。それで安田道代の名前でデビューして、その後に結婚して大楠道代になって、全部本名でやっているんです。芸名を付けてまで女優をやろうと思っていませんでしたから。薦められた芸名を私が断った時、永田社長がすごく悲しそうな顔をされたのを覚えていますよ。

鈴木　自分がこうだと思ったら、引き下がらないタイプですね。いい性格ですよね。

大楠　いい性格というか、自分を曲げたりおもねったりしてまで、女優をやろうとは思っていなかったですね。

鈴木　思い込んだら一直線というのは、芝居にも出ていますよね。もうひとつ伺いたいんですが、映画は好きでしたか？

大楠　映画を観（み）るのは大好きでした。母が映画好きでしたので。おませに、若尾文子（わかおあやこ）さんや南田洋子（みなみだようこ）さんが出演された大映の「十代の性典」（53年）とかを観に行っていましたから。

鈴木　僕も中学生で、そういうものを観ていました。

大楠　若尾さんや南田さんのスカートが、ちょっとめくれただけでドキドキして。そんな時代でしたよね。

鈴木　お母さまが映画好きだったなら、安田さんが女優になられたことをお喜びになられたでしょう？

大楠　そうでもなかったんです。自分が映画を観るのと、娘が女優をやるのとは、また別だったんだと思いますけれど。

鈴木　それで大映に入って、最初の映画が若尾文子さんと共演した「処女が見た」（66年）ですよね。あれはものすごく印象的で、いい映画ですよ。

大楠　大映としては、「この女、どこまでやれるのかな」というテストパターンだったと思いますね。そして次が「氷点」（66年）。

鈴木　三浦綾子(みうらあやこ)さんの原作ですよね。これはその前に内藤洋子(ないとうようこ)さん主演でTVドラマ化されていましたけれど、僕は映画の方が好きでした。

大楠　大映に入った66年だけで10本映画に出たんですね。当時の映画は2本立て興行ですから、本当に忙しくて、午前中、セーラー服を着て女学生ものをやって、午後にはかつらをつけて時代劇をやるなんていうこともざらにありました。

鈴木　それだけ会社が、安田さんに期待していたということでしょう。僕が子供ながらに思っていたのは、大映は京(きょう)マチ子さんや若尾文子さんなど、女優を育てるのがすごくうまい会社だと。それで次はこの人だと思ったのが安田さんなんです。ところが日本映画が不振になっていって、作られる作品のテイストが変わっていったじゃないですか。最初は次のスターとして大事に育てていくはずだったのに、そんなことは言っていられなくなって、手っ取り早い企画が多くなっていったでしょう。そういうのに出演されていた時のお気持ちは？

大楠　大映の衰退を見ていくのは、やっぱりすごく寂しかったです。スタッフがすごくかわいそうだなって思いました。昔は1本の映画を作るのに、スタジオの中に家をまるごと一軒建てていましたから。画に映らなくても、お台所から風呂場(ふろば)まで、全部作っていたんです。それが予算を削られて、撮る部屋ひとつだけ、セットを建てるようになっていって。それでもスタッフは、映らないところまでピカピカに磨いているんです。作品の質が落ちていくのを、スタッフが何とか盛り上げていこうとしていて。その姿を見ているのがつらかったです。

鈴木　優しいんですね。

大楠　そんなことないですよ。監督さんでも増村保造という素晴らしい監督が映画を撮れなくなって、大映が倒産してからですけれど、TVの『赤い』シリーズとかを、お撮りになっているのを見るとね。TVシリーズとしては素晴らしいものをお作りになっているんですけれど、ちょっと寂しいなって思いました。

鈴木　増村さんの映画に2本出てらっしゃいますね。「痴人の愛」（67年）と「セックス・チェック／第二の性」（68年）と。

大楠　もう1本、大映が倒産してから勝さんのプロダクションで作った「新兵隊やくざ・火線」（72年）にも出ましたね。

鈴木　増村保造という監督は、いかがだったんですか？

大楠　一言では言えないんですけれど、増村さんは必ず、撮影する時に誰かいじめる人を作るんです。それで徹底的にいじめるんですよ。「ヨーイ」と言って、その方がまだ芝居をしていないのに、「ダメーッ」と言ったりね。それは撮影所では有名な話で、最初に私が増村さんとやると決まった時に、スタッフは「絶対もめるよ」と言っていました。私もそれを覚悟して作品に入ったんですけれど、意外とかわいがってもらいました。いじめられている人は、私が傍で聞いていても身の毛がよだつくらいの叱られ方で。体が硬直してしまう感じなんです。

鈴木　僕はね、増村さんの映画をリアルタイムに観ていたくせに、その頃は子供なのでよくわからなくて。でも大人になって観たら、ものすごく面白いわけですよ。

大楠　そうなんですよね。

鈴木　日本に、こんなことを考えて映画を作っていた監督がいるんだって。特に女性を主人公にしてね。また増村さんの描く女性というのは、個人として自立している。そういう人物を好んで描きましたよね。

大楠　そうですね。

鈴木　増村さんが書いたものを読むと、あの人はイタリアのローマに映画留学していたでしょう。すると個人主義が確立している、ヨーロッパの人物像。そういうものに憧れ（あこが）を持っていて、それで日本に帰ってきたらそうじゃないと。男女の関係でいくと、女は男についていくもの。それが嫌で、自分は日本ではありえなかった、近代的個人として確立している女性を好んで描いた。そんな増村さんが晩年、関西を舞台に映画を作るんです。それが「大地の子守歌」（76年）と「曽根崎心中」（78年）だった。この2本を作っていた時に増村さんが書いたものを読むとね、自分が理想としていた女性は、関西に行ったら本物がいたと。これなら最初から関西へ行けばよかったんだって。そこで例に出したのが谷崎潤一郎（たにざきじゅんいちろう）なんですけれど、谷崎は東京で小説を書いていた時と、京都へ移ってから書いた小説では違う。何が違うかというと、女性像なんですね。関西へ行ってからは、谷崎の描く女性が強いんです。すると安田さんは、関西の女性でしょ。あのまま増村さんが生きていたら、一緒にどんな映画を作っただろうって。それが僕は観たかったですよ。だって、今日お目にかかってね、改めて、強い女性だなと思ったんですよ。強さと優しさを両方お持ちだし、それは映画の中で演じられていたのと同じだしね。それと安田さんは、映画の中で見せる表情も極端じゃないですか。すごく明るくて優しい顔と、もうひとつきつい表情を持っておられる。でもあのきつさに、僕は魅入られたんです。責任取ってもらいたいですよ。その後、安田さんのような女性ばっかり好きになったんですから（笑）。

大楠　そうなんですか。でも増村さんの映画は、今の若い方たちにもう一度観ていただきたいですね。またああいう作品を作らせてくれた大映もすごいと思います。

鈴木　僕もそう思いますね。やはり永田さんという方に代表されるんでしょうけれど、すごい映画会社ですよね。僕は名古屋で生まれ育ったんですけれど、育った家から歩いて5分の所に映画館があったんです。そこでは1週間のうち半分は大映、半分は日活の映画をかけていました。おかげでうちの親父と毎週、どちらの映画も観るということをやっていたので。その時感じたのは、やっぱり大映の映画って他とは違うんです。作品に大人の匂いがする。それがまた、子供にとってはたまらない魅力でした。

大楠　大映は照明が違うんです。ＴＶのチャンネルをザッピングしても、大映の映画が放送されていると、照明の違いで一発でわかりますよ。

鈴木　光と影を使ったね。変な照明もあるんです。わざと人物の顔が暗いとかね。それを含めて大映のキャメラと照明は良かったです。

大楠　美術もすごいですから。その照明やセットの違いを、今の子たちに観てもらいたいです。

鈴木　音も違っていたんです。僕はチャンバラ映画を随分観たんですが、黒澤明監督が「用心棒」（61年）で刀と刀がぶつかる音や、人を斬る音を入れたでしょう。それからは各映画会社でチャンバラに音が入るようになった。ところが東映にしろ、松竹にしろ、鍔迫り合いや人を斬る時の音が、どれも同じだったんです。ところが大映は違っていた。刀と刀がぶつかる音が硬いんですよ。その頃、僕は中学3年生か高校1年生だったんですが、この音はどうやったら出るんだろうと研究しました。ある時テープレコーダーを手に入れたので、いろんな鉄を持ってきてぶつけた音を録音してみたんです。ところが同じ音は出ない。それである日、見つけたんですよ。下に布団を置いて、大きなナイフを空中でぶつけて布団に落とす。そうすると乾いた硬い音が出たんです。これが大映の音だって、見つけた時は嬉しかったですよ。

大楠　すごいですね。

鈴木　そういう音にも興味があったから、大映の時代劇は照明とか、いろんなところが気になるんですね。なんで眠狂四郎の顔には、こんな暗い光が当たっているんだろうって。片や東映の時代劇は全部顔に光を当てた、ピーカンの照明でしたから。大映は画の構図もすごかったし、観ていて面白かったんです。

大楠 スタッフがみんな、仕事にプライドを持ってやっていました。だから会社がだめになって、みんなボウリング場かなんかへ行かされているのを見ると本当につらかったです。

鈴木 でも71年に大映が倒産してから、活躍の場を映画からTVに移して大映のスタッフはやっていましたよね。例えば勝さんの「座頭市」なんかもTVシリーズができましたけれど、僕は映画の延長線上で観ていました。それで同じ監督が撮っても、キャメラマンが違うと印象が変わる。あるキャメラマンが撮らないと面白くないというのがわかって、大映は画作りがうまいスタッフがいたんだなと改めて思いました。

大楠 本当に、そう思いますね。

鈴木 それで大映の人たちは、そんな画作りを楽しんでいた気がするんです。面白かったのはね。この間、市川雷蔵(いちかわらいぞう)さんの「眠狂四郎」シリーズ全12作を順番に観たんです。すると最初の方はセットをちゃんと建てて撮っているんですけれど、途中からロケが多くなる。それは予算の関係だと思うんですが、シリーズものを見ていくとね。

大映の歴史もわかって面白いんです。

大楠　そうかもしれませんね。

鈴木　僕がもうひとつ伺いたいのは、安田さんは北野武(きたのたけし)監督の「座頭市」（03年）にも出演されていますよね。あれで座頭市と暮らす女性をやられていますけれど、それって「座頭市海を渡る」のオマージュですよね？

大楠　それはわからないですけれど、私はあの映画、出演する時すごく迷ったんです。でも最後にタップダンスのシーンがあったでしょう。最初はあそこに、出演する予定じゃなかったんですよ。それで武さんに最初お会いした時、「タップのところに出してほしい。そうじゃないと武さんの座頭市に出る意味がないです」と言ったんです。この映画に出るには、タップダンスを踊るしかないなって、自分で思っちゃったんですよ。そうしたらプロデューサーが「普通の役者さんは、この映画をやりたいですが、タップだけは堪忍してくださいと言います。タップをやらせてくださいというのは珍しいですね」と言いました。それで基礎からタップダンスを練習したんですよ。でもそうしないと、私の中では出る意味がなかったんですね。だって「座頭市」自体は、前に勝さんの素晴らしい作品に出ているわけですから、この作品ならではの自分が遊べる何かがないと。そう思ったんです。

鈴木　自分が納得しないと、出演できなかったわけですね。

大楠　はい、そうなんです。

鈴木　これは明らかに、「座頭市海を渡る」を思いながら書かれたシナリオだと僕は思ったんですけれど？

大楠　そうなんですかねえ。

鈴木　僕はそう思いましたよ。それで誰がこの企画を考えたのか、それがちょっと気になりました。だから僕は安田さんのファンとして、この映画が面白かったんです。

大楠　今の時代の「座頭市」としては、私はあれでよかったと思いますね。

鈴木　ちょっと惜しかったのは、勝さんの座頭市は殺陣(たて)を撮る時、ロングショットの1カットで見せるでしょ。武さんの映画は全部カットをつないであるんです。そこが寂しかったですね。

大楠　でも殺陣に関しては、武さんもすごかったですよ。全然無理なのかなと思っていたけれど、かなりやれていました。

鈴木　だとすると撮り方の問題ですかね。

大楠　もうお時間らしいですけれど、私トークショーって本当に苦手なんです。でも今日は鈴木さんとご一緒できるというのでやってきました。楽しかったです。ありがとうございました。

鈴木　今はそういうことを望むのが難しいかもしれないけれど、映画を役者さんで観るというのは、いいんですよね。監督やキャメラマン、シナリオライターで観るとか、映画の見方っていろいろあると思うんですけれど、役者さんで観ると映画はもっと面白くなる。安田さんをずっと観てきた僕がそう思うんですから。今日は、本当にお会いできて光栄でした。

あとがき

「『キネマ旬報（じゅんぽう）』で映画の連載をやりませんか？」

旧知の映画評論家、金澤誠（かなざわまこと）さんからメールを貰（もら）った。いつも通り、単刀直入だった。

調べてみると2016年12月16日。宮崎駿の新作「君たちはどう生きるか」を作ることをNHKで発表した直後にあたる。しかも、〝キネ旬〟のOKはすでに貰ってあるという。

手回しがいい。話が早い。年寄りは頼りになる。

ちなみに、金澤さんもそろそろ還暦になるはずだ。

連載の回数も36回と決められていた。「キネマ旬報」は、文字通り〝旬報〟なので、月に2回の掲載、期間は1年半だった。

その年の暮れだったと思う。早速、金澤さんに会うと、ぼくで連載をやる理由をこう説明してくれた。

「順番です！」

昔の映画を語る人がどんどん亡くなってしまい、ぼくの番が回って来たという意味だった。もう少し待って欲しい、そう抵抗したかったが、70歳を超えればそういうものなのかと自分に言い聞かせた。あとで考えると、それはぼくの心をくすぐる〝殺し文句〟でもあった。

おこがましいが、自分が読んできた著名な映画評論家たちの列に自分の名前が加わるのはちょっと嬉しい出来事だった。

金澤さんには『映画道楽』(角川文庫)でもお世話になった。ぼくが四の五の言おうとすると、『映画道楽』と同じく、金澤さんが〝聞き書き〟をやるので、時間はそんなに取られないと説得された。強引だった。しかし、嘘だった。

当時の日本映画を語るには、もう一度、映画を観直さないといけない。それに要する時間は、睡眠を削らないといけなかった。さらにこの連載で扱う60年代の日本映画は、著作権の問題もあって、DVD化されていない作品も数多くある。仕方が無いので、外せない作品については、その映画を観るために映画会社の友人たちの協力も得た。

その場で、金澤さんのインタビューが始まった。第1回のテーマは前もって、メールのやりとりで「座頭市」シリーズにしようと決めてあった。連載のタイトルはまだ決まっていない。それを決める前に取材を始める。それも金澤さんのやり方だった。

今回の連載も、タイトルの候補はいろいろあったが、結局、「新・映画道楽」に落ち着いた。

道楽というと、現代では好ましくない表現として使われているが、元を糺（ただ）せば仏教用語。仏教を修行することによって得た、悟りの楽しみを意味する。ぼくが他人に自慢できることと言えば、子どものころから映画を観続けてきたことだけだった。

副題に付した「ちょい町哀歌（エレジー）」は、大昔に一度、漫画の編集者時代に使ったことがある。ぼくが担当した漫画の、思い入れのあるタイトルだ。いつかどこかでもう一度と思っていた。

この文庫版のために新たに付け加えたものがふたつある。ひとつは樹木希林さんの話。晩年、彼女に出会えたことは、ぼくにとってこの上ない大事な時間だった。

もうひとつ、調布シネマフェスティバルで、ぼくの憧（あこが）れの大楠道代（安田道代）さんとトークショーを実現できたことは忘れられない思い出となった。シネマフェスティバルのスタッフに感謝したい。

心残りは、最初は邦画だけじゃなく洋画も取り上げる予定だったが、日本映画だけで終わってしまったこと。それどころか、加えたい日本の監督と役者があったが、別の機会に譲りたい。

角川の担当編集者は、加藤芳美さん。ぼくの書の本、『人生は単なる空騒ぎ』（ＫＡＤＯＫＡＷＡ）に引き続き、今回も世話になった。ジブリからは、いつも通り田居因さんがゲラを読んでくれた。

今回、ゲラであらためて読み直したときに思ったこと。昔の映画を回顧で語る。それだけに終わっていないことが嬉しかった。金澤さんの力が大きい。

映画の作り方は今も昔も変わらない。それが日本映画を愛する金澤誠の企画意図だった。彼は、最初にぼくに送ってきた企画書にこう書いている。

映画の大きな過渡期に、映画の面白さとは何か。国境、時代を超える映画とは何かを問い直すことによって、次の世代に映画にはこんな可能性があるということを伝えたい。

２０２０年3月29日

鈴木敏夫

鈴木敏夫　略年譜

一九四八年　八月十九日、愛知県名古屋市内で後に既製服の製造販売業を営む父母のもとに生まれる。

一九六七年　慶應義塾大学文学部に入学。二年生のときに社会・心理・教育学科社会学専攻に進む。大学在学中は、家庭教師や「子ども調査研究所」（所長：高山英男氏）、競輪場のガードマンなど、三十数種類のアルバイトを経験する。

一九七二年　春　株式会社徳間書店入社。『週刊アサヒ芸能』企画部に配属。占いページを担当する傍ら、漫画のページも担当。そこで、以前から憧れだった杉浦茂に会う。

一九七三年　春　『アサヒ芸能』別冊のコミック誌『コミック&コミック』の編集を担当。中島貞夫、石井輝男といった東映の映画監督らに漫画原作を執筆してもらい、手塚治虫を始め、ジョージ秋山、上村一夫、長谷川法世、石ノ森章太郎などの漫画家とも親しくなる。

一九七四年　秋　同コミック誌休刊後、『アサヒ芸能』特集部に配属される。三菱重工爆破事件、暴走族と特攻隊などといった特集記事を毎週一本、計七十五本くらいを書きまくる。印象に残っている人物は、一条さゆりとか。

一九七六年　春　『月刊テレビランド』編集部に配属される。同誌では『惑星ロボ　ダンガードA』『宇宙鉄人キョーダイン』など、テレビ放映される子供向け番組のコミック版連載を手がけ、すがやみつる、土山よしきらと親交を深める。

一九七七年　『ちばてつやの世界』を編集。

一九七八年　月刊誌『アニメージュ』創刊に参加する。五月、高畑勲、宮崎駿に取材を申し込む。

一九八一年　宮崎駿と共に『戦国魔城』映画化を企画するも果たせず。

一九八二年　『アニメージュ』副編集長に就任。『アニメージュ』二月号から漫画版『風の谷のナウシカ』連載開始。やがて一年もたたずにその映画化が動き出すと、昼はアニメーション・スタジオ、夜は編集作業という二重生活を送ることになる。

一九八四年　三月十一日『風の谷のナウシカ』(宮崎駿監督) 劇場公開 (配給：東映)。

一九八五年　オリジナルビデオ・アニメーション『天使のたまご』(押井守監督) 発売。

一九八六年　六月、スタジオジブリ設立に参画。八月二日『天空の城ラピュタ』(宮崎駿監督) 劇場公開 (配給：東映)。十月『アニメージュ』編集長に就任。

一九八八年　四月十六日『となりのトトロ』(宮崎駿監督)『火垂るの墓』(高畑勲監督) 劇場公開 (配給：東宝)。

一九八九年　七月二十九日『魔女の宅急便』(宮崎駿監督) 劇場公開 (配給：東映)。十月、株式会社徳間書店退社、株式会社スタジオジブリの専従となり、製作部長の任に就く。

一九九〇年　株式会社スタジオジブリの取締役に就任。

一九九一年　七月二〇日『おもひでぽろぽろ』(高畑勲監督) 劇場公開 (配給：東宝)。同作品から「プロデューサー」として名前がクレジットに刻まれる。

一九九二年　第十一回藤本賞・特別賞受賞（『おもひでぽろぽろ』製作に対して）。
七月十八日『紅の豚』（宮崎駿監督）劇場公開（配給：東宝）。

一九九三年　五月五日、企画を担当した『海がきこえる』（望月智充監督）が日本テレビ系列で放映される。

一九九四年　七月十六日『平成狸合戦ぽんぽこ』（高畑勲監督）劇場公開（配給：東宝）。

一九九五年　七月十五日『耳をすませば』（近藤喜文監督）、『On Your Mark』（宮崎駿監督）劇場公開（配給：東宝）。

一九九七年　株式会社徳間書店とスタジオジブリが合併。
株式会社徳間書店取締役／スタジオジブリ・カンパニーPRESIDENTに就任。
七月十二日『もののけ姫』（宮崎駿監督）劇場公開（配給：東宝）。
十一月、第十四回山路ふみ子文化賞を受賞。

一九九八年　第十七回藤本賞受賞（『もののけ姫』製作に対して）。

一九九九年　七月十七日『ホーホケキョ　となりの山田くん』（高畑勲監督）劇場公開（配給：松竹）。

二〇〇〇年　十二月七日、製作を担当した実写映画『式日』（庵野秀明監督）劇場公開。

二〇〇一年　七月二十日『千と千尋の神隠し』（宮崎駿監督）劇場公開（配給：東宝）。
九月、財団法人徳間記念アニメーション文化財団設立、理事に就任。

十月、三鷹の森ジブリ美術館オープン。

二〇〇二年

二〇〇二年度エランドール賞プロデューサー賞受賞（主催：日本映画テレビプロデューサー協会）。

第二十一回藤本賞受賞（『千と千尋の神隠し』製作に対して）。

七月二十日『猫の恩返し』（森田宏幸監督）、『ギブリーズ　ｅｐｉｓｏｄｅ２』（百瀬義行監督）劇場公開（配給：東宝）。

二〇〇三年

第一回日本イノベーター大賞受賞（主催：日経ＢＰ社）。

『千と千尋の神隠し』第七十五回米アカデミー賞長編アニメーション映画部門賞受賞。

『イノセンス』（押井守監督）の共同プロデューサーを引き受ける。

二〇〇四年

三月六日『イノセンス』劇場公開（配給：東宝）。

東京大学大学院情報学環「コンテンツ創造プログラム」特任教授に就任（任期／五年）。

十一月二十日『ハウルの動く城』（宮崎駿監督）劇場公開（配給：東宝）。

二〇〇五年

四月、スタジオジブリが徳間書店の一事業部から独立。株式会社スタジオジブリ代表取締役社長に就任。

三月、第二十二回日本映画復興賞を受賞。

四月、初の著書として『映画道楽』（ぴあ）が刊行される。

二〇〇六年

七月二十九日『ゲド戦記』（宮崎吾朗監督）劇場公開（配給：東宝）。

二〇〇七年

三月、第二回渡辺晋賞受賞。

十月、ＴＯＫＹＯ　ＦＭでラジオ番組『鈴木敏夫のジブリ汗まみれ』開始。

二〇〇八年　二月、株式会社スタジオジブリ代表取締役プロデューサーに就任。

七月、著書『仕事道楽　スタジオジブリの現場』（岩波新書）刊行。

七月十九日『崖の上のポニョ』（宮崎駿監督）劇場公開（配給：東宝）。

二〇一〇年　七月十七日『借りぐらしのアリエッティ』（米林宏昌監督）劇場公開（配給：東宝）。
十月、ASIAGRAPH2010「創（つむぎ）賞」を受賞。

二〇一一年　七月十六日『コクリコ坂から』（宮崎吾朗監督）劇場公開（配給：東宝）。
八月、著書『ジブリの哲学　―変わるものと変わらないもの―』（岩波書店）刊行。

二〇一二年　六月、アメリカのロードアイランドスクールオブデザイン（RISD）より、高畑勲、宮崎駿と共に名誉博士号を授与される。

七月、『巨神兵東京に現わる』（樋口真嗣監督）を庵野秀明と共に製作。東京都現代美術館の展覧会「館長庵野秀明　特撮博物館」で上映される。十一月に「劇場版」として『ヱヴァンゲリヲン新劇場版：Q』と同時上映で劇場公開。

十一月、著書・文庫版『映画道楽』（角川文庫）刊行。


二〇一三年　三月、ラジオ番組をまとめた著書『鈴木敏夫のジブリ汗まみれ1』（復刊ドットコム）刊行。

七月、著書『鈴木敏夫のジブリ汗まみれ2』（復刊ドットコム）刊行。

七月二〇日『風立ちぬ』（宮崎駿監督）劇場公開（配給：東宝）。

八月、著書『風に吹かれて』（中央公論新社）刊行。

十一月、著書『鈴木敏夫のジブリ汗まみれ3』（復刊ドットコム）刊行。

十一月二十三日、企画を担当した

『かぐや姫の物語』（高畑勲監督）劇場公開（配給：東宝）。

十一月、第五十八回映画の日特別功労章を受章。

二〇一四年
三月、第六十四回芸術選奨文部科学大臣賞映画部門受賞。

五月、第二回全広連日本宣伝賞正力賞受賞。

五月、著書『仕事道楽 新版 スタジオジブリの現場』（岩波新書）刊行。

七月十九日、製作を担当した『思い出のマーニー』（米林宏昌監督）劇場公開（配給：東宝）。

七月、著書『鈴木敏夫のジブリ汗まみれ４』（復刊ドットコム）刊行。

二〇一五年
三月、デジタル・コンテンツ・オブ・ジ・イヤー'14／第20回記念ＡＭＤアワード 20周年記念特別賞受賞。
十月、学校法人角川ドワンゴ学園・Ｎ高等学校の理事就任が発表される。

二〇一六年
三月、著書『鈴木敏夫のジブリ汗まみれ５』（復刊ドットコム）刊行。

五月二十日、日本語版プロデューサーを担当した『ガルム・ウォーズ』（押井守監督）劇場公開（配給：東宝映像事業部）。

六月、著書『ジブリの仲間たち』（新潮新書）刊行。

九月十七日『レッドタートル ある島の物語』（マイケル・デュドク・ドゥ・ヴィット監督）劇場公開（配給：東宝）。

二〇一七年
三月、著書『ジブリの文学』（岩波書店）刊行。
八月、自身の書を中心とした初の展覧会『スタジオジブリ 鈴木敏夫 言葉の魔法展』が広島県安芸郡熊野町の筆の里工房で開催される。
十二月、著書『人生は単なる空騒ぎ—言葉の魔法—』（ＫＡＤＯＫＡＷＡ）刊行。

二〇一八年

六月、展覧会『スタジオジブリ 鈴木敏夫 言葉の魔法展』の巡回展が名古屋市で開催される。

七月、展覧会『スタジオジブリ 鈴木敏夫 言葉の魔法展』の巡回展が金沢21世紀美術館で開催される。

七月、著書『禅とジブリ』（淡交社）刊行。

八月、著書『南の国のカンヤダ』（小学館）刊行。

二〇一九年

三月、著書・文庫版『風に吹かれて』（中公文庫）刊行。

四月、展覧会『鈴木敏夫とジブリ展』東京・神田明神ホールで開催される。

五月、著書『天才の思考 高畑勲と宮崎駿』（文春新書）刊行。

七月、展覧会『鈴木敏夫とジブリ展』長崎・ハウステンボス美術館で開催される。

二〇二〇年

六月、著書・文庫版『新・映画道楽』（角川文庫）刊行（本書）。

本書は「キネマ旬報」(二〇一八年一月上旬特別号〜二〇一九年八月上旬号)に連載された「新・映画道楽」に加筆修正し、文庫化したものです。第十三部は語り下ろし、特別対談は新規収録です。
本文中には、今日の人権擁護の見地に照らして、不適切と思われる表現がありますが、差別的意図はなく、また映画の作品性を考え合わせ、そのままとしました。

資料協力　松竹、東映、東宝、日活

新・映画道楽

ちょい町哀歌

鈴木敏夫

令和2年 6月25日　初版発行

発行者●郡司 聡

発行●株式会社KADOKAWA
〒102-8177　東京都千代田区富士見2-13-3
電話　0570-002-301（ナビダイヤル）

角川文庫 22170

印刷所●株式会社暁印刷
製本所●株式会社ビルディング・ブックセンター

表紙画●和田三造

●お問い合わせ
https://www.kadokawa.co.jp/（「お問い合わせ」へお進みください）
※内容によっては、お答えできない場合があります。
※サポートは日本国内のみとさせていただきます。
※Japanese text only

ISBN 978-4-04-109317-7　C0195

◇◇◇

角川文庫発刊に際して

角　川　源　義

第二次世界大戦の敗北は、軍事力の敗北であった以上に、私たちの若い文化力の敗退であった。私たちの文化が戦争に対して如何に無力であり、単なるあだ花に過ぎなかったかを、私たちは身を以て体験し痛感した。西洋近代文化の摂取にとって、明治以後八十年の歳月は決して短かすぎたとは言えない。にもかかわらず、近代文化の伝統を確立し、自由な批判と柔軟な良識に富む文化層として自らを形成することに私たちは失敗して来た。そしてこれは、各層への文化の普及滲透を任務とする出版人の責任でもあった。

一九四五年以来、私たちは再び振出しに戻り、第一歩から踏み出すことを余儀なくされた。これは大きな不幸ではあるが、反面、これまでの混沌・未熟・歪曲の中にあった我が国の文化に秩序と確たる基礎を齎らすためには絶好の機会でもある。角川書店は、このような祖国の文化的危機にあたり、微力をも顧みず再建の礎石たるべき抱負と決意とをもって出発したが、ここに創立以来の念願を果すべく角川文庫を発刊する。これまで刊行されたあらゆる全集叢書文庫類の長所と短所とを検討し、古今東西の不朽の典籍を、良心的編集のもとに、廉価に、そして書架にふさわしい美本として、多くのひとびとに提供しようとする。しかし私たちは徒らに百科全書的な知識のジレッタントを作ることを目的とせず、あくまで祖国の文化に秩序と再建への道を示し、この文庫を角川書店の栄ある事業として、今後永久に継続発展せしめ、学芸と教養との殿堂として大成せんことを期したい。多くの読書子の愛情ある忠言と支持とによって、この希望と抱負とを完遂せしめられんことを願う。

一九四九年五月三日